地銀〝生き残り〟のビジネスモデル

5つの類型とそれらを支えるDX

デロイト トーマツ コンサルティング
監修

武元 亮・梅津翔太
編著

中央経済社

はじめに

　日本の金融機関経営を取り巻く直近5年前後の主な規制動向に目を向けると，「次世代ビジネスモデル構築の促進を目的とした規制緩和による環境整備」と表すことができる。

　2017年4月改正銀行法における高度化等会社制度の施行，同年9月金融庁・総合的な監督指針での不動産賃貸業務の営業要件の緩和，2019年10月銀行法施行規則での投資専門子会社を通じたコンサルティング業務の提供や事業継承会社への出資解禁，2020年5月独占禁止法特例法（青森銀行・みちのく銀行の経営統合のように，同一県内シェアが高い場合でも条件付きで独禁法を適用しない特例）など，多様化する顧客ニーズや地域経済におけるさまざまな社会課題に取り組む銀行を後押しすべく現行の業務範囲の見直し機運が高まっていることが，一連の規制緩和の背景としてうかがうことができる。

　地域金融機関（地銀）の経営環境に目を向けてみると，その見通しは決して明るくない。金融機関全般に該当することだが，現行のマイナス金利政策の長期化に伴い資金収支は先細り，また新規参入する資金移動業者やプラットフォーマーの台頭により既存商品・サービスが代替される脅威もますます高まっている。一方，総務省統計局データによると日本の総人口は2008年の1億2,808万人をピークに2045年には約1億120万人へ減少，さらには2060年には約8,600万人へと減少し，65歳以上を対象とする高齢化率は2008年時点の約20％から2060年には約40％へ上昇することが予測されている。

　全国的な少子高齢化は特に東北エリアで顕著となり，内閣府の予測によれば，2045年時点で最も高齢化率が高い都道府県は1位秋田県（50.1％），2位青森県（46.8％），3位福島県（44.2％）となっている。ちなみに，2045年時点で最も高齢化率の低いのは1位東京都（30.7％），2位沖縄県（31.4％），3位愛知県（33.1％）と予測されるが，いずれにおいても2008年時点の全国高齢化率20％を大きく上回る水準となっている。

　縮小均衡する市場のパイを奪い合う競争環境において，多くの地銀にとって

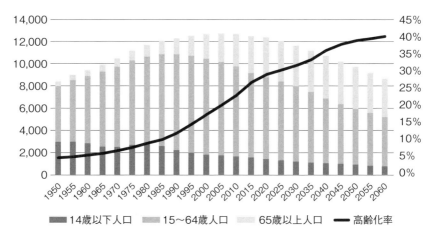

図表1 日本の人口推移

凡例：■14歳以下人口　■15〜64歳人口　□65歳以上人口　━高齢化率

（出所：総務省統計局「我が国の人口推移」よりDTC（デロイト トーマツ コンサルティング）作成）

図表2 2045年予想高齢化率ランキング

【高齢化率が「高い」都道府県トップ10】

	2045年		2018年		
	高齢化率(%)	高齢化率の伸び(%)	総人口(千人)	65歳以上人口(千人)	高齢化率(%)
秋田県	50.1	13.7	981	357	36.4
青森県	46.8	14.2	1,263	412	32.6
福島県	44.2	13.3	1,864	576	30.9
岩手県	43.2	10.7	1,241	403	32.5
山形県	43.0	10.1	1,090	358	32.9
山梨県	43.0	12.7	817	248	30.3
北海道	42.8	11.5	5,286	1,656	31.3
高知県	42.7	7.9	706	245	34.8
長野県	41.7	10.2	2,063	651	31.5
徳島県	41.5	8.4	736	243	33.1

【高齢化率が「低い」都道府県トップ10】

	2045年		2018年		
	高齢化率(%)	高齢化率の伸び(%)	総人口(千人)	65歳以上人口(千人)	高齢化率(%)
東京都	30.7	7.6	13,822	3,189	23.1
沖縄県	31.4	9.8	1,448	313	21.6
愛知県	33.1	8.2	7,537	1,875	24.9
滋賀県	34.3	8.6	1,412	363	25.7
神奈川県	35.2	10.1	9,177	2,305	25.1
広島県	35.2	6.2	2,817	817	29
福岡県	35.2	7.6	5,107	1,408	27.6
埼玉県	35.8	9.4	7,330	1,934	26.4
岡山県	36.0	5.9	1,898	571	30.1
大阪府	36.2	8.7	8,813	2,420	27.5

（出所：内閣府「令和元年版高齢社会白書（全体版）」よりDTC作成）

存亡の危機に直面しているといっても過言ではない。前述の「次世代ビジネスモデル構築の促進を目的とした規制緩和による環境整備」の流れの中で，縮小する市場のパイを各行が奪い合うのではなく，各行がいかに独自色を打ち出し

ながら域内経済活動の活性化を牽引し市場のパイそのものを拡大するのか，そのためには預貸・決済といった伝統的なトランザクションベースの金融機能の提供に加え，助言・アドバイザリーを中心とした役務収益の向上，ならびに規制緩和に後押しされた形での新規事業を創出することで，淘汰の波に飲み込まれる前にいかに早期に収益構造，つまりビジネスモデルを進化させることができるかが生き残りの鍵となる。

　本書は全4章から構成され，当社金融機関向けコンサルティングチームを中心に，戦略，オペレーション，テクノロジー各領域のプロフェッショナルの知見を集約している。

　第1章では，地銀を取り巻く経営環境を整理したうえで，海外の金融機関動向について多面的に調査している。その狙いは，海外金融機関動向から日本の地銀経営への示唆を導き出す点にある。

　続く第2章では，10年後の地域経済と金融機能と題し，わが国の人口動態について深掘りし，県内経済活動のポートフォリオ・マネジメントの実現性について検討したうえで域内に求められる金融機能とは何かという点に言及している。

　第3章では，第1章・第2章までの考察を踏まえたうえで，10年後の地銀のとるべき方向性をビジネスモデル仮説として類型化し，それぞれについてそのコンセプト，実現のポイントを検証している。各々の地銀がとるべき方向性は一様ではなく，自行の強みと地域特性を踏まえたうえで進むべき方向性を見定めることが肝要であり，そのためのヒントを読者につかんでいただくことを本章の狙いとしている。

　結びとなる第4章は，変革に対峙する金融機関が今何を備えるべきかという問いに対して，不確実性を前提とした経営モデルの考え方を中心に，新規事業創出アプローチ，デジタルを起点としたビジネスモデル変革（dX=Business Transformation with Digital）の要諦について提言していく。デロイト トーマツ コンサルティングではデジタル化（Digitalization）とdXはまったく違うものとして捉えており，ビジネス変革が主でデジタルは従で変革を実現するイネーブラーであるという考えのもと，DXではなくdXと表現している。本書で

はこれ以降，DXとして表現を統一するが，デジタル技術を活用して全行的・抜本的にビジネスモデルを含めた変革を行いビジネスにおける競争上の優位性の確立を狙うことと定義させていただきたい。

　本書が，地銀経営に従事する経営層から現場の最前線に立つすべての金融プロフェッショナルを対象に，地銀が果たすべき使命と役割について各々が自分事として正面から向き合い，本気の変革に向けた議論の糸口となることを願っている。

2022年3月

デロイト トーマツ コンサルティング合同会社

金融インダストリー部門　執行役員　パートナー

武元　亮

Contents

第2章　10年後の地域経済と金融機能

第3章　10年後の地銀がとるべき方向性

第4章　今地銀は何を備えるべきか

第 1 章

地銀を取り巻く
情勢と近年の動向

第1節　国内地銀の現状

　日本における地銀（地方銀行および第二地方銀行）は，バブル崩壊に端を発する「失われた10年」や，リーマンショックに代表される世界金融危機などを経て，その数を大きく減らしている。預金保険機構が公表する「預金保険対象金融機関数の推移」によれば，平成元年度時点で132行（地方銀行：64行，第二地方銀行：68行）あった地銀数は，令和元年度時点で102行（同64行，38行）にまで減少している。さらに，各行はその厳しい経営環境を受け，持株会社を軸とした経営統合や，業務・システムの効率化や共同化を企図したアライアンスの組成といった合従連衡を進めており，実質的にはよりグループ化が進みつつある。

　前述の情勢を受け，日本の地銀はどのような外部環境のもとで事業を営み，その結果として，主な経営指標はどのように推移しているのだろうか。また，これらの状況に鑑み，日本の地銀は今後どうすべきなのであろうか。ここでは，今後の論考の前提として，まず日本の地銀の現状を整理することとする。

（1）外部環境

　まず，近年の地銀を取り巻く外部環境を，PEST（Politics/政治，Economy/経済，Society/社会，Technology/技術）の観点から概観する。

①　Politics/政治

　菅義偉内閣総理大臣（当時）が，自民党総裁選に際し「地方銀行の数が将来的には多すぎるのではないか」との発言をしたことは記憶に新しいが，この発言を裏づけるかのように，2021年5月に銀行法・金融機能強化法・金融商品取引法の改正3法案が成立した。いずれも，COVID-19禍に見舞われた経済・企業の再生に取り組む金融機関の支援を目的としている。

　改正銀行法では，銀行本体が「デジタル化や地方創生などに資する業務」として，自行アプリやITシステムの販売，登録型人材派遣，データ分析や広告

を取り扱う業務などを営めるようになったほか，銀行本体の子会社として設立・保有が可能な「銀行業高度化等会社」が営む業務の認可基準が緩和されたことで，銀行の他業への進出余地が大幅に高まった。改正金融機能強化法では，地方を中心とした人口減少地域における金融機能の維持を目的に，地銀などの合併・経営統合に係る費用の一部に公的資金を交付することが可能となった。改正金融商品取引法では，日本の「国際金融センター」としてのプレゼンス向上を目的として，海外投資ファンドの日本市場参入要件が時限的に緩和された。

　そのほかにも，地銀同士の統合・合併を独占禁止法の適用除外とする特例法（2020年 5 月成立）や，ローン・投資信託・保険といったさまざまな金融商品をワンストップで提供できる「金融サービス仲介業」の創設などを盛り込んだ改正金融商品販売法（2020年 6 月成立）など，近年の金融関連法規制は総じて規制緩和のフェーズにあるといえる。

②　Economy/経済

　日本銀行の主導による強力な量的・質的金融緩和策のもと，日本の長期金利は低位で推移しており，2016年のマイナス金利政策の導入後，指標となる新発10年国債の利回りは一貫して0.2％を下回っている。本書の執筆時点では，COVID-19のワクチンの普及や，バイデン米大統領が打ち出す経済政策への期待感などから，長期金利はわずかに上昇の兆しを見せてはいるものの，今後このトレンドが続くとなれば国内金融機関の収益に下押し圧力が掛かるのは自明であるといえる。

　少子高齢化に伴う地方人口の減少や，若年層を中心とした都市圏への人口流出も深刻である。国立社会保障・人口問題研究所が公表する「日本の地域別将来推計人口（平成30（2018）年推計）」によると，2015年を100とした際の2045年の生産年齢人口指数（予測値）は，東京23区では94.8であるのに対し，政令指定都市では79.1，政令指定都市以外ではわずか67.4にとどまる（**図表 1 - 1 - 1 参照**）。地方における消費や労働力の減少は，地銀の主要顧客である企業の資金需要の減少，ひいては地方経済の衰退を意味する。これらの潮流の中，各行はどのように生き残りを懸けていくのかの判断が求められているといえる。

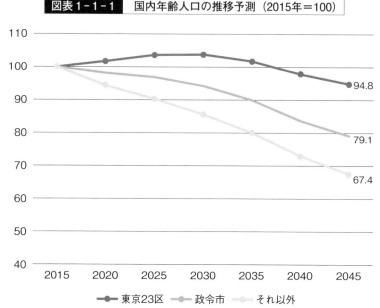

図表 1-1-1 国内年齢人口の推移予測（2015年＝100）

凡例：━●━ 東京23区　━●━ 政令市　┈┈ それ以外

注：生産年齢人口＝各推計基準年における15〜64歳人口
（出所：国立社会保障・人口問題研究所「日本の地域別将来推計人口（平成30（2018）年推計）」よりDTC作成）

③　Society/社会

　「消費者ニーズの多様化」というワードをマーケティングなどの領域で頻繁に耳にするが，それは金融サービスにおいても例外ではない。個人顧客を例にとると，ミレニアル世代・Z世代は，スマートフォンをはじめとしたデジタルネイティブの世代であり，ネット銀行・証券やキャッシュレス決済，ロボアドバイザーといったサービスとの親和性が高く，こうした層に対する対面チャネルの重要性はそれほど高くない。他方で，比較的年齢層の高い富裕層においては，専用の店舗・カウンターなどを用いたよりきめ細かなアドバイザリーが求められるであろう。

　法人顧客においては，メインバンクに対し，旧来の融資や預金為替といった一般的な事務にとどまらず，自社の事業承継やM&A・海外進出等に関する経営アドバイザリー，収益性向上といった，顧客の本業支援の期待値が高まって

いる。各行が中期経営計画や事業計画において「法人向けコンサルティングサービスの強化」を謳っているのもその期待値の現れであるといえる。特に，①で述べたとおり，COVID-19禍において甚大な影響を受けた飲食・宿泊・娯楽などに関連する業種では，メインバンクは国・地方公共団体と連携した短期的な資金繰りの支援に加え，パンデミック終息後を見据えた事業再生といった，中長期的な目線での支援が要請されていくことになるであろう。

④　Technology/技術

　AIやビッグデータに代表される情報技術の活用により，伝統的な銀行業務は大きな変革期を迎えている。これらの技術は，例えばAIによる融資審査やRPA（ロボティクスを活用した業務の自動化）など，既存行の業務効率化・高度化や，事務の堅確化に寄与する技術であると同時に，フィンテック企業や異業種による伝統的な金融サービスの創造的破壊（ディスラプション）を促すドライバーでもある。例えば，銀行口座を介さない決済や資金移動の一般化や，GAFAに代表されるメガ・プラットフォーマーの台頭により，既存の銀行の地位は相対的に下落していくことは避けられないであろう。

　このような状況において，既存行は自らプラットフォーマー化を志向し，コンペティターと対峙していくのか，それとも，オープンAPIといった技術を通じて金融商品・サービスを提供し，他のプラットフォーマーと共存していくのかといった，戦略の方向性を明確化していく必要性がある。

　いずれにせよ，日本の金融機関は，「DX（Digital Transformation）」，すなわち，情報技術を活用した経営モデル・ビジネス変革を考えるべきフェーズに来ており，地銀においてもそれは例外ではない。

（2）経営状況

　次に，日本の地銀各行の決算数値をもとに，主な経営指標の推移と，そこから得られる示唆をまとめる。

①　コア業務純益・当期純利益

　地銀の収益力を図る指標として，2009年度から2019年度までのコア業務純益・当期純利益の推移をまとめた（**図表１-１-２参照**）。

　このグラフは，大きく「2009年度から2015年度」「2015年度から2019年度」の２つのフェーズに分けることができる。「2009年度から2015年度」では，リーマンショック後の株価回復に伴う株式・債権売却益等の増加や貸出先の信用コストの減少に伴い，当期純利益は堅調に推移しているものの，「本業で稼ぐ力」を示すコア業務純益は減少傾向である。マーケットの動向に即した短期的な利益の積上げはなされていたものの，この頃から地銀の収益力は悪化していたことが読み取れる。「2015年度から2019年度」では，先述した日本銀行の強力な金融緩和策に伴う貸出金利回りの低下や，積極的な融資の拡大に伴う信

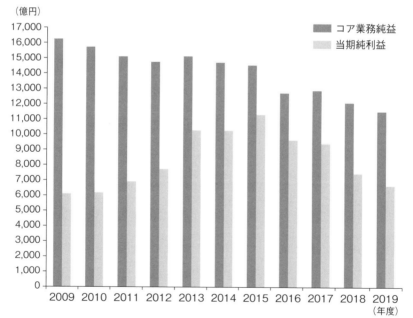

図表１-１-２　**地銀の利益額の推移**

注：コア業務純益＝業務純益＋一般貸出引当金繰入額－国債等債券関係損益
（出所：全国銀行協会「年度別全国銀行決算発表」，地方銀行協会「地方銀行の決算の状況」，第二地方銀行協会「加盟地方銀行決算」よりDTC作成）

用リスクの増加，2019年度末からのCOVID-19の世界的流行といった要因が重なり，コア業務純益・当期純利益ともに一貫して減少している。

　では，地銀の収益力が低下している背景はどこにあるのであろうか。コア業務純益は，「コア業務粗利益」から「経費」を減じた指標である（なお，「経費」を「コア業務粗利益」で除すると「コアOHR（経費率）」となる）ため，次に，コア業務純益を構成するこの2つの指標について分析を行っていく。

②　コア業務粗利益

　コア業務粗利益は，業務粗利益を構成する3要素である「資金利益」「役務取引等利益」「その他業務利益」から，一時的な要因で変動する「国債等債券関係損益」を除いた指標である。資金利益・役務取引等利益・その他業務利益の推移をみてみると，地銀の収益ポートフォリオは極端に資金利益に依存して

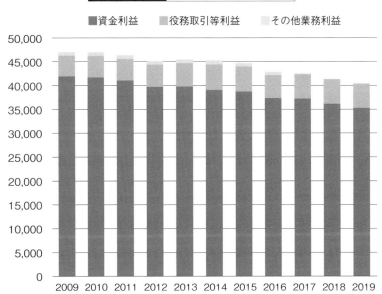

図表1-1-3　地銀の利益区分別推移

■資金利益　■役務取引等利益　■その他業務利益

注：その他業務利益は，特定取引（トレーディング業務）利益を含み，国債等債券関係損益を除く
（出所：全国銀行協会「年度別全国銀行決算発表」，地方銀行協会「地方銀行の決算の状況」，第二地方銀行協会「加盟地方銀行決算」よりDTC作成）

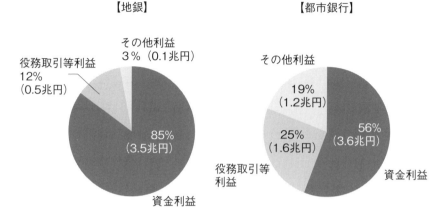

図表1-1-4　地銀・都市銀行の収益ポートフォリオ比較（2019年度）

注：2019年度の地域銀行102行全体の財務数値より算出都市銀行の数値は4行の2019年度連結決算より算出。その他利益は，特定取引利益（トレーディング勘定）・その他業務利益（債権売買益等）の合計
（出所：全国銀行協会「全国銀行総合財務諸表（業態別）」よりDTC作成）

いることがわかる（**図表1-1-3**参照）。2019年度で資金利益と役務収益等利益の比率は約7：1であり，都市銀行（約2：1）と比べて大きな隔たりがある（**図表1-1-4**参照）。

　また，地銀の主たる収益の源泉である資金利益のうち，資金運用収益の内訳にフォーカスしてみると，ここ数年の低金利傾向を受け，貸出金利息が約4兆円から3兆円以下に減少している（**図表1-1-5**参照）。COVID-19を契機とした一時的な貸出の増加はあれども，劇的な改善は難しいことが読み取れる。

③　経　　費

　地銀各行においては，業務の無理・無駄をなくした効率化の取り組みによる地道な経費削減を継続しており，中にはOHRのスリム化に成功した銀行もあるが，業態全体でみると，経費の劇的な削減はなされていない状態である（**図表1-1-6**参照）。

　経費をドラスティックに削減するためには，ペーパーレス化や重複業務の削

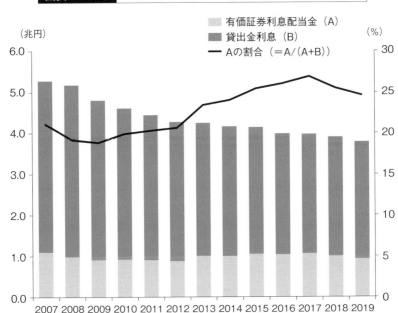

図表1-1-5　地銀の貸出金利息と有価証券利息配当金の推移

凡例：
- 有価証券利息配当金（A）
- 貸出金利息（B）
- Aの割合（＝A／（A＋B））

（出所：全国銀行協会「決算の動向 付属表・参考表」よりDTC作成）

減，業務の非対面化といった施策はもちろんのこと，人件費（例：本部人員の抜本的削減）や，物件費（例：大規模な店舗統廃合）を中心とした主要コストにもメスを入れるなど，ビジネスプロセスの大幅な見直しが必要になってくる。また，地銀間のアライアンスや業務の共同化・アウトソースといった取り組みにより，業態全体での経費削減に取り組む必要もあると考えられる。

（3）今後の取り組みの方向性

ここまで，地銀を取り巻く外部環境と，経営状況の分析を行ってきたが，最後に，これらの状況を踏まえ，地銀が収益力の改善に向けて今後どのような取り組みを行うべきか，見解を述べてみたい。

現在，各行が目下の経営課題として取り組む主たる施策は，「デジタル化の

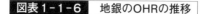

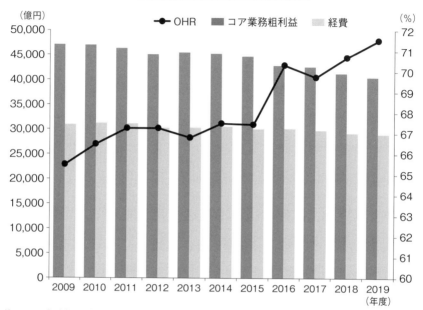

図表1-1-6　地銀のOHRの推移

注：コア業務粗利益＝業務粗利益－国債等債券関係損益，OHR＝経費÷コア業務粗利益
（出所：全国銀行協会「年度別全国銀行決算発表」，地方銀行協会「地方銀行の決算の状況」，
第二地方銀行協会「加盟地方銀行決算」よりDTC作成）

推進や無駄の削減によるコスト削減・最適化」に重きが置かれているようにみ
える。確かに，より不確実性を孕み，かつ効果が出るまでに相応の期間を要す
る「収益の増加」に比べ，「コスト削減」は即効性が高く，手っ取り早い施策
であることは間違いない。実際，昨今の地銀再編の流れの中で，経営統合やア
ライアンスの組成，DX推進等の施策は，「業務や経費の効率化」といった文脈
で計画・実行されていることが多いように見受けられる。

　ただし前述のとおり，コア業務純益は，コア業務粗利益から経費を減じたも
のである以上，仮に先述の施策により経費削減を成し遂げたとしても，それを
上回るペースでコア業務粗利益が減少してしまえば，コア業務純益もOHRも
改善されることはない。すなわち，重要な点は，施策のゴールを単なる「コス
ト削減」に置くのではなく，施策の実行により得たスケールメリットや余剰人
員・リソースを活用し，どのように収益の増加を成し遂げるかという点である

と考える。そして，地銀各行が資金収益偏重のビジネスモデルからの脱却を目指さない限り，現在の事業環境において，コア業務粗利益の先細りを回避することは難しいと考えられる。

　資金収益偏重から脱却し，役務取引等収益といった幅広い収益ポートフォリオへの転換を図るため，近年，地銀が取り組んでいる事例として，「地域商社」や「DX支援」が挙げられる。地域商社は，地方活性化の施策の一環として，地場産品の卸・小売やブランディング・マーケティング支援を地銀が行い，手数料を受け取るというビジネスモデルであり，各行による地域商社設立は1つのトレンドとなっている。またDX支援については，地銀が取引先のデジタル化推進を支援すべく，専任チームを組んでITツール等の導入支援を実施し，コンサルティングフィー等の手数料を収受するものである。

　しかしながら，こうした事業は地銀にとっての新規領域であり，マーケットに存在する既存の競合他社との比較優位性がなければ，本質的な意味での取引先の本業支援にはなりえないし，中長期的な経営の柱とすることは難しい。実際，これらの取り組みを（ビジネスとして）成功させている事例はまだ限定的であり，キーワードだけが「バズワード」として先行し，収益性は二の次，三の次となっているケースも多くみられる。

　このような新規事業における収益化においては，「他行がやっているから」「流行りだから」ではなく，「何を目的として推進するのか？」「自行の強みをどのように事業に活かすのか？」といった戦略策定が重要である。資金利益の圧迫や規制緩和を受け，自行は5〜10年後，どのような姿を目指すのか？　他行，もしくは競合他社と比較して，自行の持つ顧客層はどのような特徴があるのか？　自行内では，どのような人材が行内にいるのか，もしくは新たに確保する必要があるのか？　などといった事項を定義のうえ，真に求められる事業に対する投資を行っていくことが必要である。

　本書では，10年後の世界を見据え，地銀がとるべき経営戦略，および具備すべきケイパビリティについて論考することとしたい。

第2節 海外の銀行の現状

（1）外国の銀行の現状

　海外の銀行は，旧来からの伝統的な預金・為替・融資等の商品提供に加え，助言・アドバイザリー等の役務提供の強化を進めている。助言・アドバイザリー等の役務の範囲は，複合金融あるいは非金融領域にまで広がりを見せており，個人向けにおいては個人の生活を支えるサービス，企業向けにおいては企業の事業運営を支えるサービスにまで広がっている（**図表1-2-1参照**）。

　例えば，DBS（シンガポール）は，オンライン不動産仲介業者（PropertyGuru）と協業し，不動産検索，購入，ローン申込みがオンラインで完結できるサービスを提供しており，住宅購入後のアフターフォローサービスを提供する事業者とも組み，公共サービスやリノベーションサービスへの仲介なども実施している。KBC Bank（ベルギー）は，ブリュッセルへの移住検討者向けに，行政機関等と連携し，口座開設，住居手配，行政手続等の煩わしい手続をワンストップで実施できるオンラインサービスを提供している。

　企業向けにおいては，ING Bank（オランダ）は，フィンテック企業（Aleo）と協業し，サービス，製造，貿易などさまざまな業種の企業向けに自行顧客と外部顧客が取引できるB to Bオンラインストアを提供している。KBC Bank（ベルギー）は，オンラインショップ開設支援業者（Storesquare）と組み，地域の中小・小規模事業者の販路拡大を支援するサービスを提供しており，購買意欲を促進するマーケティングサービスや配送サービスなどへの仲介も実施している。

　これらの役務提供強化の狙いはどこにあるのだろうか。深掘りすると以下の狙いが窺い知れる（**図表1-2-2参照**）。

① 顧客の間口拡大

　他社と協業し，自社だけでは対応しきれない顧客体験に進出し，顧客の間口を拡大する。

| 図表1-2-1 | サービス提供範囲の広がり |

（出所：各社情報よりDTC作成）

　前述のDBS（シンガポール）の事例では，オンライン不動産仲介業者に対し，住宅ローン申込みの機能を提供することにより，これまでは住宅ローン申込みの時点でしか顧客接点を持てなかったのに対し，不動産検索〜購入の時点から顧客接点を持つことに成功している。

図表1-2-2　役務提供強化の狙い

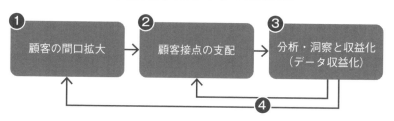

基本戦略		
❶	顧客の間口拡大	■他社と協業し，自社だけでは対応しきれない顧客体験に進出し，顧客の間口を拡大
❷	顧客接点の支配	■他社のサービスを自社プラットフォーム（アプリ等）に組み込むことにより，顧客の普段使いを促し，顧客接点を支配
❸	分析・洞察と収益化（データ収益化）	■自社プラットフォーム（アプリ等）を通じ，収集したデータを分析し，洞察を深化 ■最適な金融商品・サービスの販売につなげる
❹	顧客体験向上への還元	■上記洞察を踏まえ，他社協業の範囲を広げ，顧客体験の間口を拡充 ■もしくは，自社プラットフォーム上のサービス改善を通じ，顧客との継続的な関係を強固なものにする

② 顧客接点の支配

　他社のサービスを自社プラットフォーム（アプリ等）に組み込むことにより，顧客の普段使いを促し，顧客接点を支配する。

　前述のDBS（シンガポール）の事例では，住環境に関するサービスを提供する事業者（EdgeProp，Averspaceなど）のサービスを自社サイトに組み込み，預金やキャッシュフローに基づくライフプランシミュレーション，公共サービスやリノベーションサービス仲介などのサービスを提供し，不動産購入後も継続的な関係を築くことに成功している。

③ 分析・洞察と収益化（データ収益化）

　自社プラットフォーム（アプリ等）からのサービス利用を通じ，収集したデータを分析し，洞察を深化させ，最適な金融商品・サービスの販売につなげる。

　前述のDBS（シンガポール）の事例では，不動産購入後の継続的な関係構築

から得られたデータより，金融取引のみでは洞察できないような"生活"に関する洞察を導き，例えば，自動車購入が見込まれる場合，自動車検索，購入，自動車ローン申込みがオンライン完結するサービス（Car Marketplace）へ誘導し，さらなる資金収益へつなげている。

④　顧客体験向上への還元

　上記洞察を踏まえ，他社協業の範囲を広げ，顧客体験の間口を拡充する，もしくは，自社プラットフォーム上のサービス改善を通じ，顧客との継続的な関係をより強固なものにする。

　前述のDBS（シンガポール）に加え，KBC（ベルギー）の事例を①～④の

図表1-2-3　DBS（シンガポール）事例の分析

┌─────────────── DBS ───────────────┐

"ホームライフ"をテーマに住宅購入の入口を押さえ，
購入後の生活支援を通じ，継続的な関係を構築

大手不動産仲介業との連携	サポートサービスの提供
• マレーシア・シンガポールで圧倒的なシェアを有する（2位以下の10倍）PropertyGuruと連携	• 住環境に関するサービスを提供する事業者（EdgeProp, Averspaceなど）のサービスを組み込み，住宅購入後の生活支援サービスを提供

└────────────────────────────────────┘

• **オンライン不動産仲介業者と組み，ローン申込みの間口を拡大**
　圧倒的シェアを有するオンライン不動産仲介業者に対し，住宅ローン申込みの機能（API）を提供不動産検索，購入，ローン申込みをオンラインで完結できるワンストップサービスを提供

• **住宅購入後のサポートサービスを提供し，継続的な関係を構築**
　住環境に関するサービスを提供する事業者のサービスを組み込み，預金やキャッシュフローに基づくライフプランシミュレーション，公共サービスやリノベーションサービス仲介などのサービスを提供

• **最適なサービス提案により収益化**
　顧客データを収集・分析し，最適な金融商品の提案を実施
　例えば，自動車購入が見込まれる場合，自動車検索，購入，自動車ローン申込みがオンライン完結するワンストップサービス（Car Marketplace）を提案

図表1-2-4　KBC（ベルギー）事例の分析

KBC

地域の中小・小規模事業者の販路拡大を手助け
地域経済の活性化と企業の事業拡大を支援

Eコマース業者との連携	関連する業者との連携
• 地域の中小・小規模事業者向けにオンラインショップ開設支援サービスを提供する企業（Storesquare）と連携	• 中小・小規模事業者組合（unizo）と連携し，当該イニシアティブの認知力を向上 • また，メディア企業とも連携し，地域特産やイベントの広告力を向上

• **オンラインショップ開設支援事業者と組み、口座・決済サービスの利用を拡大**

　　地域の中小・小規模事業者に特化したオンラインショップ開設支援事業者に対し，口座開設，支払に関する機能（API）を提供

　　手軽かつ安価にオンラインショップを始めることができるサービスを提供

• **オンラインショップ運営に関わる各種サポートサービスを仲介し，事業拡大をプロデュース**

　　購買意欲を促進する商品のためのコンサルティングサービスや配送サービスなどへの仲介を実施

• **取引状況を押さえ，資金ニーズを刈り取り**

　　企業の取引ぶりを収集・分析し，短期的な資金不足を補うファイナンスを提供。さらに，事業拡大のためのファイナンスを提案

枠組みで整理したものを**図表1-2-3**と**図表1-2-4**に記載する。

　すなわち，単に助言・アドバイザリー等の役務提供を強化し，役務収益を伸ばそうとしているのではなく，「他社との協業による幅広いサービス提供を通じた顧客の間口拡大」と「他社サービスの自社プラットフォーム（アプリ等）への組込みを通じた顧客との継続的な関係の構築」を強化し，顧客データを収集・分析のうえ，洞察を深め，金融商品の販売等の資金収益の強化につなげようとしていると考えられる。逆にいえば，顧客の間口拡大や継続的関係構築に有効であり，金融取引のみでは収集できないデータの収集や顧客洞察の深化に活用でき，金融商品の販売等につながりうるグランドデザインが描けるのであれば，資金収益を代替しうるほど儲かりそうもない（≒やる意義のない）サー

ビスであったとしても，積極的に展開していることにも納得がいく。

（2）変革のポイント

　これまで紹介したような海外の銀行におけるビジネスのあり方に関する変革
ポイントは以下である。

①　業界を超えた収益機会の探索

　銀行の枠にとらわれず，狙いとする顧客体験を定め，"あったらいいな"と
いうサービスを提供する。さらに，サービス利用を通じて得られたデータから
顧客理解を深め，サービスを改善もしくはサービスラインナップをさらに拡大
していく。

　DBS（シンガポール）の事例では，「ホームライフ」をテーマに顧客ニーズ
に応えるためのサービスを次々と打ち出し，顧客を囲い込み，取得したデータ
から顧客洞察を深め，最適な金融商品の販売につなげている。

②　外部との価値共創

　自前開発だけにこだわらず，他社を使いこなすことにより，これまでにない
速さでサービス開発を実現する。

　DBSの事例では，住宅ローンシミュレーション，ローン申込みなどの機能は
自前開発であるものの，住宅検索〜購入の機能は，既存のオンライン不動産仲
介業者と提携しており，サービス開発にかかる時間を短縮している。

③　小さく始め，大きく育てる

　一部の機能だけであっても（すべての機能が完成していなくても），早く
サービスをリリースし，利用してもらい，顧客からのフィードバックを取り込
み，サービス改善もしくは新たなサービス開発につなげる。

　DBSの事例では，「ホームライフ」という顧客体験ニーズに応えるため，さ
まざまな住宅購入後のサービスをリリースし，当初は，預金やキャッシュフ
ローに基づくライフプランシミュレーション機能を提供するのみであったもの

の，公共サービスやリノベーションサービス仲介などの機能を続々と追加している。

　これらの変革は，ビジネスのあり方の変革だけでは成しえず，ビジネスを支

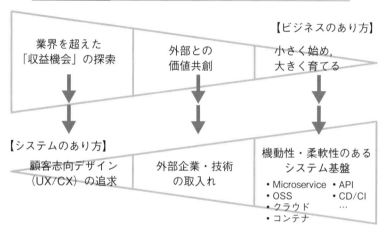

図表1-2-5　ビジネスのあり方とシステムのあり方の変革

Agile/DevOps	API/マイクロサービス
■ 絶えず変化し続ける顧客要望に迅速に応えることができる開発手法の導入 • 機能充足を目指すWaterfallとは異なり，絶えず変化し続ける顧客要望充足を目指すAgileが不可欠 • さらに，開発と運用の垣根を超えたDevOpsも欠かせない	■ ビジネスアイデアを迅速かつ継続的に実現することができる基盤の整備 • 機能/IFを要素化・疎結合化し，それらの組み合わせによりサービス開発ができることが不可欠 • また，制約（HW容量，SWバージョン等）にとらわれにくいサービス開発ができることも欠かせない
内製化	
■ 新たな技術をビジネスに迅速に取り込むことができる能力の強化 • ITに関する知識・知見を外部に依存しすぎない • ITに関する知識・知見を内部に蓄積し，業務・ITの両面からビジネスを生み出せる能力強化が欠かせない	

えるシステムのあり方の変革も必要となる（**図表1-2-5**参照）。システムのあり方を変革していくためのポイントは以下の3つである。

④　Agile/DevOps

　絶えず変化し続ける顧客要望に迅速に応えることができるAgile/DevOps開発を取り入れ、70点でもよいからリリースし、顧客に利用してもらい、意見を取り込み、改善を繰り返し、よりよいサービス開発を目指す。

⑤　内　製　化

　新たな技術をビジネスに迅速に取り込むため、ITに関する知識・知見を外部に依存しすぎず、内部に蓄積し、ビジネス・ITの両面からサービスを生み出せる能力を強化する。

　Agile/DevOpsと内製化を進めるにあたっては、PoC（Proof of Concept：概念実証）のような一過性の取り組みに終始せず、新たなサービス開発を継続的に実施できる体制作りが重要となる。

　先進的な銀行では、一部の技術者・研究者にしかできないLaboratory（研究所）のような体制ではなく、誰にでもできるFactory（工場）のような体制が整っている。Factory型の体制作りに向け、初めは今後の変革のコアとなる最小限の人材から成るチームを構成し、スキル／ノウハウの習得に努めた。その後、徐々にチームを増やしつつ、コア人材からのスキル／ノウハウ移転を図り、組織内への展開・浸透させていった（**図表1-2-6**参照）。

⑥　API/マイクロサービス

　サービス開発を迅速かつ継続的に実現するため、通性／標準性が高く、どんなシステムとも接続しやすいインターフェース様式であるAPIを整備する。さらに、アプリケーション機能を要素化・疎結合化し、それらの組み合わせによりサービス開発を行うためのアーキテクチャ（マイクロサービス）に取り組む。

　先進的な銀行は、前述のFactory型の体制作りに加え、API/マイクロサービス化を通じ、システム基盤の構造変革にも取り組んでいる。体制作りができたとしても、システム基盤の機動性や柔軟性が欠けていると、新たなサービスを

図表1-2-6	Factory型の体制作りのステップ

"SEEDチーム" を組成

☑ 最小限のチーム構成（2枚のピザ理論）

☑ 多様な素養の混成チーム（スクラムマスター，
　エンジニア，デザイナー…等）

連鎖的にチームを増殖 ⇒ イノベーションを「量産化」

☑ チームを増やしながら，SEEDチームのコア人材のスキル／
　ノウハウ移転を図る

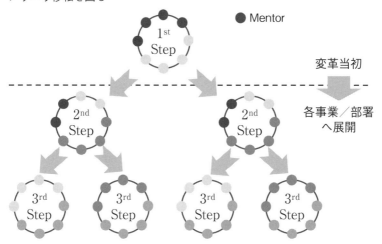

量産できないからである。

　ただし，システム基盤の構造改革は，ビッグバン的に作り替えたわけではない。機動性や柔軟性が求められる部分と従来どおり堅牢性が求められる部分を切り分け，リスクやコストを抑えながら，システム基盤の構造改革に取り組んでいる（**図表1-2-7**参照）。

図表1-2-7 システム基盤の構造改革イメージ

─────── 構造改革前 ───────
- 顧客からの期待，環境変化に対応するため，より柔軟なシステム基盤の構造改革に着手

─────── 構造改革後 ───────
- ビッグバン的に作り替えるのではなく，必要な部分のみ，機能ごとに適切な技術を選択し，コスト・リスクを抑えつつ，機動性・柔軟性を向上

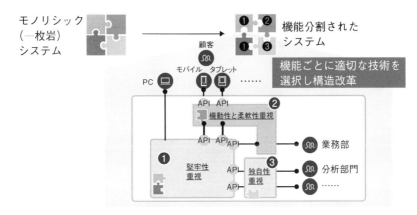

─────── 機能ごとの構改革方法（例）───────

❶堅牢性が求められる機能
- リホスト
  業務処理のコアとなるため，極力そのまま残すものの，保守切れ・老朽化等による脆弱化を防止するため，H/W，OS，S/W更改を行い，堅牢性を向上（機能の過剰な見直しを避ける）

❷機動性・柔軟性が求められる機能
- リファクタ + コードラッピング
  足元課題に対応しつつ，チャネル拡張や外部連携に対応できるようにするため，アプリケーションを要素化・細分化し，IFを標準化し，機動性と柔軟性を向上

❸独自性が求められる機能
- リビルド
  データ活用に対応できるようにするため，非構造データベース導入し，情報をさまざまな形式で格納できるようにし，独自性のある分析を支援

（3）変革の余力を生み出す取り組み

　海外の銀行におけるビジネス／システムのあり方の変革を解説してきたが，変革の余力を生み出すため，デジタル化による経費削減，中でも店舗統廃合とアウトソース活用が盛んに行われている。

　例えば，前述のKBC（ベルギー）は，オムニチャネル戦略からデジタルチャネル中心戦略へ方針を転換し，多くの業務をデジタルで完結できるように進めている。顧客が以前にも増してデジタルチャネルを利用するようになっており，デジタル・ファースト銀行を志向している。店舗は一定数維持するものの，その位置づけは大きく見直されている。新型店舗はキャッシュレス化を推し進めており，カウンターが存在しない。振込みや現金の引出しなどはATM等の自動化機器で対応する。一方で，カウンターなどこれまで各種処理に充てられていたスペースは，利用者との相談のためのスペースとなっており，職員も多くが利用者との相談に応じる専門家または後方業務担当職員であり，コンサルテーションに充てられている。

　また，米国を中心に事務のアウトソースも進み始めている。例えば，Black-Rock社は，Aladdinという資産運用リスク・マネジメントサービスを提供しており，複数の銀行が資産運用リスク業務をアウトソーシングしている。Black-Rock社以外でも，従来コストセンターとみなされていながらも，徹底した効率化により優位性が確立された業務をサービスとして他社に提供するビジネスを展開し，コストセンターをプロフィットセンターに変えている例は多い。

（4）国内地銀への示唆

　前節で記載のとおり，変革のゴールを単なる「コスト削減」に置くのではなく，コスト削減による余剰人員やリソースを活用し，ビジネス／システムのあり方を変革し，幅広なサービス提供を行い，顧客データを収集・分析のうえ，洞察を深め，金融商品の販売等につなげていくことが重要である（「役務提供の強化」と「資金収益力の強化」の関連づけが重要）。

　ただし，上記「コスト削減」「役務提供の強化」および「資金収益力の強化」

のいずれもデジタル化が不可欠であるものの，デジタル化の波について来られない顧客を切り捨てるのではなく，デジタル化を促進する取り組みも重要である。例えば，KBC（ベルギー）は，デジタル・ファーストによる店舗削減とあわせ，地域の産業や人々のネットワークなど，コミュニティについて知ることを職責とする「コミュニティマネージャー」を設置した。「Gigidays」と呼ばれるデジタルチャネル講習会を行い，顧客を招待し，デジタル機器の使い方やセキュリティ等インターネットの基礎的なことから，自行アプリのインストールから取引実行までをフォローしている。

　前節で示した地銀が取り組み始めている「地域商社」や「DX支援」のようなビジネス（**図表1-2-8**参照）を実現できれば，自らの存在意義を「おカネに関する相談役」から，「〝ヒト〟〝モノ〟〝情報〟に関するさまざまな悩み・課題の相談役」に昇華することができる。地域の悩み・課題を解決し，自らビジネスを起こしていくような存在（ビジネスプロデューサー）になれれば，地域経済の発展や資金ニーズの掘り起こしにつながり，ひいては自行の成長・拡大が望めるようになるのではないだろうか。

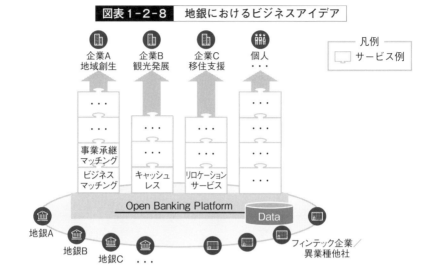

図表1-2-8　地銀におけるビジネスアイデア

ビジネスマッチング	■会計サービス事業者と提携できれば … • ある企業が新製品を開発。ただ，取引先を自力で見つけるのが困難 • 銀行は，会計サービス事業者とのデータ共有により，企業の仕入情報を捕捉。取引先選定を支援できる
事業承継	■地銀等と提携できれば … • ある企業経営者が後継者を探している。ただ，自力で見つけるのが困難 • 銀行は，他金融機関とのデータ共有により，人材や買い手企業情報をこれまでよりも広域に捕捉し，助言できる
移住支援	■地方自治体，不動産業者，公共サービス業者などと提携できれば… • 若者や外国人が地方への移住を検討している。ただ，何から手をつければよいのかがわからない • 銀行は，協業機関／企業とのデータ共有により，移住に必要な手続，住居の手配など，生活基盤の確保を支援できる

第2章

10年後の地域経済と
金融機能

第1節 10年後の地域経済

（1）わが国人口動態の見通し

政府をはじめとした各種公表資料によると，わが国の人口は2050年に 1 億人

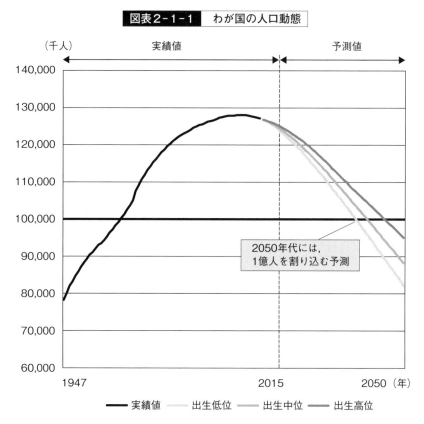

図表2-1-1 わが国の人口動態

※ 国立社会保障・人口問題研究所が実施した日本の将来推計人口では，将来の出生推移・死亡推移についてそれぞれ中位，高位，低位の 3 仮定を設けており，上記の将来推計人口は，死亡中位仮定に出生低位・中位・高位の仮定を組み合わせた 3 パターンを推計したものである。

（出所：国立社会保障・人口問題研究所「日本の地域別将来推計人口（平成30（2018）年推計）」よりDTC作成）

を大きく割り込み，その中で東京圏への人口の一層の集中と，東京圏を除いた他地域での一層の減少とが予測されている。

　この人口動態を，地銀の将来的な事業環境の変化として，いかに捉えるべきであろうか。

（2）地銀経営における地域の捉え方と人口動態のインパクト

　地銀は，本店の所在都道府県を中核的な事業展開エリアとしており，従来の都市銀行の本店が所在している東京都等を除いた本店所在道府県において，最大規模ないしは上位を占める金融機関である。よって，個々の地銀の経営においては，「県」単位で地域の変化を捉えることが，基本的な方向性となる。

　「県」単位で地域の人口動態を捉えた場合，日本全国レベルで起きている人口動態＝前述した東京圏とその他地域の二極分化の縮図ともいえる状況が起きている。

　各県の「内部」においても，他の地域の人口，特に生産年齢人口を吸収する形で活動を維持・拡大させている地域と，それら地域に人口，同じく生産年齢人口を吸収され，高齢化の進展の中で活力の低下が危惧される地域とが存在している。

　例えばではあるが，政府が2018年12月18日に選定・公表した「中枢中核都市」と，それら中枢・中核都市を除いた同県内の他市町村との構図を思い浮かべるとイメージがつきやすいだろう。

　これら各県の「内部」における人口動態の二極分化は，政府のさまざまな地方創生政策の一方で，加速していく方向にある。

　日本全国レベルで見た東京圏とその他地域の人口動態の二極分化，そのもとでの各県内での二極分化という，二層の二極分化の進展により，東京圏を除いた県単位での活力は緩やかに低下し，かつ県庁所在地をはじめとする県内の中核的な地域を除いた他の地域がさらにその活力を低下させる構図となっている。

図表2-1-2 中核中枢都市の一覧

道府県	政令指定都市 （15市）	中核市 （43市）	施行時特例市 （18市）	県庁所在市 （3市/47市）	連携中枢都市 （3市/30市）
北海道	札幌市	函館市・旭川市		（札幌市）	
		青森市・八戸市		（青森市）	（八戸市）
		盛岡市		（盛岡市）	（盛岡市）
				（仙台市）	
		秋田市		（秋田市）	
				（山形市）	
青森県		福島市・郡山市・ いわき市		（福島市）	
岩手県				（水戸市）	
宮城県	仙台市	宇都宮市		（宇都宮市）	
秋田県		前橋市・高崎市		（前橋市）	
山形県			山形市	（新潟市）	（新潟市）
福島県		富山市		（富山市）	（富山市）・ 高岡市・射水市
茨城県		金沢市	水戸市・つくば市	（金沢市）	（金沢市）
栃木県				（福井市）	
群馬県			伊勢崎市・太田市	（甲府市）	
新潟県	新潟市	長野市	長岡市・上越市	（長野市）	（長野市）
富山県		岐阜市		（岐阜市）	（岐阜市）
石川県				（静岡市）	（静岡市）
福井県		豊橋市・岡崎市・ 豊田市	福井市	（名古屋市）	
山梨県			甲府市	津市	
長野県		大津市	松本市	（大津市）	
岐阜県					
静岡県	静岡市・浜松市		沼津市・富士市		
愛知県	名古屋市		春日井市		
三重県			四日市市		
滋賀県					
京都府	京都市			（京都市）	
大阪府	大阪市・ 堺市	八尾市・ 東大阪	岸和田市・吹田市 ・茨木市	（大阪市）	
兵庫県	神戸市	姫路市・尼崎市・ 西宮市		（神戸市）	（姫路市）
奈良県		奈良市		（奈良市）	

道府県	政令指定都市 （15市）	中核市 （43市）	施行時特例市 （18市）	県庁所在市 （3市/47市）	連携中枢都市 （3市/30市）
和歌山県		和歌山市		（和歌山市）	
鳥取県		鳥取市		（鳥取市）	（鳥取市）
島根県		松江市		（松江市）	
岡山県	岡山市	倉敷市		（岡山市）	（岡山市） （倉敷市）
広島県	広島市	呉市・福山市		（広島市）	（広島市） （福山市） （呉市）
山口県		下関市		山口市	（下関市） （山口市） 宇部市
徳島県				徳島市	
香川県		高松市		（高松市）	（高松市）
愛媛県		松山市		（松山市）	（松山市）
高知県		高知市		（高知市）	（高知市）
福岡県	北九州市 ・福岡市	久留米市		（福岡市）	（北九州市） （久留米市）
佐賀県			佐賀市	（佐賀市）	
長崎県		長崎市・佐世保市		（長崎市）	（長崎市）
熊本県	熊本市			（熊本市）	（熊本市）
大分県		大分市		（大分市）	（大分市）
宮崎県		宮崎市		（宮崎市）	（宮崎市）
鹿児島県		鹿児島市		（鹿児島市）	（鹿児島市）
沖縄県		那覇市		（那覇市）	

※　政令指定都市・中核市・施行時特例市・県庁所在市・連携中枢都市のうち，東京圏（東京都，埼玉県，千葉県，神奈川県）以外の昼夜間人口比率0.9以上の都市が選定されている。
※　県庁所在市・連携中枢都市において，政令指定都市・中核市・施行時特例市の都市と重複している都市は，（　）書きで記載を行い，県庁所在市・連携中枢都市に該当する都市の総和に含めていない。
（出所：内閣官房まち・ひと・しごと創生本部事務局内閣府地方創生推進事務局（平成30年12月18日）「中枢中核都市」よりDTC作成）

図表2-1-3 人口動態に基づく地域活力低下の二層構造

活力低下の二層構造図

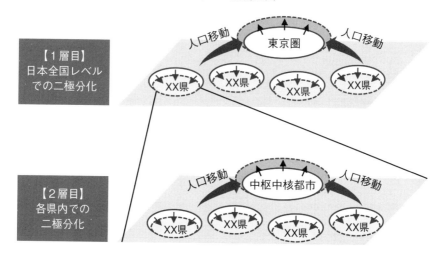

　この，人口動態の二層の二極分化による地域の行く末は，地域における無居住化エリアの増加と，その無居住化過程における行財政負担である。

　人口減少が進み，無居住化に進む過程においても，居住している方々のため，あるいは活動している企業等のプレイヤーのため，基礎インフラの維持を中心とした一定の財政支出が不可欠になる。

　効率が悪化した基礎インフラを維持し続けなければならないエリアが，時間経過とともに県内各所に顕在化・増加していき，行財政の非効率化＝ROI（Return On Investment：投資利益率）の低下に伴う負担を右肩上がりで増大させていく。

　やや極端な例であるが，その負の循環サイクルの中で苦闘しているのがわが国唯一の財政再生団体となった北海道・夕張市であり，「全国最低の行政サービス」と「全国最高の市民負担」ともいわれる行政サービス格差がさらに生産年齢人口を中心とした人口流出を招く状況に陥っている。

　一方，夕張市の状況を将来の自らの姿と捉える基礎自治体関係者も数多く存在し，長期的な時間経過で進む人口動態の二層の二極分化の放置は，同様の事

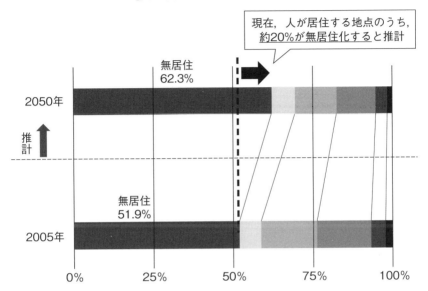

| 図表2-1-4 | 人口規模別・無居住地化 予測（1km単位メッシュ） |

【人口規模別メッシュ数（※）】

現在，人が居住する地点のうち，約20%が無居住化すると推計

2050年　無居住62.3%

推計

2005年　無居住51.9%

0%　25%　50%　75%　100%

■無居住　□1〜9人　□10〜99人　□100〜999人　■1,000〜3,999人　■4,000人〜

（※）メッシュ単位：1km平方単位の区画

（出所：国土交通省「国土の長期展望」中間とりまとめ 概要（平成23年2月21日国土審議会政策部会長期展望委員会）よりDTC作成）

態の県内各地における発現につながりかねない。

（3）県単位で見た人口動態の地銀にとっての意味

　県単位で見た人口減少とその地域間の人口偏在の加速化は，県全体で見た地域経済活動の低下と県内における地域偏在につながりうる。

　具体的な指標に置き換えると，県単位で見たGDP（県内総生産）の低下と，県内で見たGDPの偏在が同時並行で進むことを意味する。

　GDPは単純化すると，「人口×生産性」で表現されるため，生産性を仮に一定とすると，人口動態に基づく人口減少は，県内GDPの低下に直結する。

　県内GDPの低下は，地域経済活動の縮小を意味するため，金融をはじめとする仲介機能を県単位で担う地銀にとって，事業機会の縮小につながりかねない。

　そのため，県内GDPは地銀経営の経営環境を指し示す最重要のマクロ経営指標であり，前述の地域の将来に対する危機意識のもと，その維持・向上に対する，より主体的・直接的な貢献が，自らの事業環境の維持・向上に直結する。その主体的・直接的な貢献を，地域偏在が進む中でいかに実現するかが，地銀に投げかけられた命題といえる。

（4）県内GDPの維持・向上に不可欠なポートフォリオ・アプローチと行政の限界

　県内GDP低下への対処は，単純化した「人口×生産性」の構造式のとおり，「人口の減少に歯止めをかける」か，もしくは「生産性の向上を図る」かの二通りである。

　これら「人口」と「生産性」をキードライバーとして，県内の地域・エリアごとに，その人口動態，地域資源の特色，存在する企業等のプレイヤーの特徴等に応じたメリハリの効いた重点政策テーマ設定と予算措置＝地域・エリア別ポートフォリオ・アプローチの導入が望ましい。

　これは，全県均一，悪くいえば「のべたん」での振興推進による，全県均一での経済活動の地盤沈下を避けつつ，有限の資源で最大限の成果を得るために，不可避のアプローチと考えられる。

　人口が広く増加している時ならまだしも，人口減少と偏在が顕在化し始めている中での総花的な振興の非効率さは，想像に難くないであろう。

　県内経済活動のポートフォリオ・マネジメントは，本来，基礎自治体＝市町村を多数内包する県の政策主体である県庁をはじめとする県行政が，市町村ごとにメリハリの効いた重点政策テーマ設定と予算措置を通じて推進すべきといえよう。

　しかしながら，県行政は，各地域の住民や企業等のプレイヤーと直接接している市町村行政の合意を得ずして，頭越しにダイナミックな施策検討・推進を

行いづらい構造にある。一方，市町村行政は，公共性のもとにさまざまな住民
や企業等のプレイヤーと直接接しているため，メリハリの効いた施策＝「えこ
ひいき」施策を提示されたとしても，大手を振って受容しづらいジレンマがある。

　これら階層構造的なジレンマの掛け合わせにより，県内均一的な政策設定，
拠出実績踏襲型の予算措置に陥りやすい傾向にあるため，県内の地域・エリア
ごとにダイナミックにメリハリを効かせた政策遂行には限界が生じてしまう。

（5）県内経済活動のポートフォリオ・マネジメントにおける地銀の役割

　その行政の限界を超え，県内GDPの維持・向上を図りつつ，自らの事業環
境を確実なものとしていくために，地銀が果たすべき役割はどのようなものか。

　地銀は，「県」を主な事業推進単位とし，その中で最大規模ないしは上位を
占める金融機関として県内各所にきめ細かに拠点網を張り巡らせ，各拠点の営
業管掌エリアをカバーすべく行員を配置して機動的に営業活動を展開している。

　県内に内包される基礎自治体，各地で事業を営む多様な規模・業種の法人，
各地で生活を送る個々人を幅広く顧客としている。

　それら顧客層との取引を通じて，各地域の経済活動に関するリアルデータを
保有しているうえ，行員の日常的な営業活動を通じ，データの示す地域の経済
活動の実態・実状・雰囲気に関する「肌感」を有している。

　それら地銀の持つ資源・強みは，前述の県行政の限界を大きく補完し，県内
経済活動のポートフォリオ・マネジメントを実現に誘う可能性を有している。

　県行政から見た場合，地銀の持っている地域経済活動に関する解像度の高い
データや活動実態に関する知見は，市町村行政が有するデータや情報を代替し，
こと経済活動に関すれば，より解像度の高い実態把握を可能にする。その実態
把握を通じて，地域・エリアごとの実態・実状に即した，ROIのより高い重点
政策テーマの設定と予算措置とが可能になる。

　また，地域における経済取引に関する「ファクトデータ」であるがゆえに，
強固な説得力を備えており，それらを設定根拠とすることで，県行政による地
域・エリアごとのメリハリの効いた重点政策テーマ設定と予算措置に強い論拠
を与え，市町村行政に対する有効な説明・説得を支援しうる。

例えば，他産業における例であるが，国内大手の観光OTA事業者（Online Travel Agent）は，自社の予約・取引実績データを統合・集約，同一の観光来訪特性を持つ地域・エリア単位に編集し，それらデータに基づく地域・エリア別の取引傾向や機会損失を特定，さらなる来訪促進・収益獲得の可能性を導出し，クライアントである宿泊事業者をはじめとする観光事業者にコンサルテーションを行っている。

それらは，地域・エリア別に見た解像度の高い実態把握と，地域・エリア特性を踏まえた効果的な政策検討につながるとして，県行政や市町村行政からも高い評価を獲得している。

同様の価値提供を，より多岐にわたるテーマや，広範な地域・エリアにわたって行いうる存在，行うべき存在が地銀である。

（6）県内経済活動のポートフォリオ・マネジメント実現に向けた県行政とのパートナーシップの方向性

県内経済活動のポートフォリオ・マネジメント実現に向けた県行政との連携については，以下の3層で捉えることが有効と考えられる。

① 県内GDPの維持・向上に向けたトップマネジメント間の合意形成
② 県行政内の各部局との政策テーマ×地域・エリア単位での重点政策テーマ・予算措置の合意形成
③ 地銀の各地域・エリアの拠点におけるデータ・知見の統合・集約・再編集を通じたインプット提供

まずは，①連携を通じた双方の長期的・全県的・全組織的な活動の後ろ盾として，知事－頭取レベルでの合意形成を図るべきである。

「県内GDPの維持・向上」という旗頭は，県行政－地銀双方の絶対的な「是」・「大義」に位置づけられ，長期的・全県的・全組織的な連携を支えるバックボーンとなりうる。

　重点的な政策テーマ設定に基づく，財政的に重点化した予算措置，金融機関としての重点的なインベストメント（投融資テーマ設定），各種仲介機能≒人的リソースの集中投下を通じて，地域・エリアごとの経済活動の重点化とシフトを促す取り組みであり，トップマネジメントレベルでの強い決意のもとでの揺るがない「大義」の合意がその起点として不可欠である。

　そのうえで，②県行政内の各部局との具体的な重点テーマ設定と予算措置の議論に移るが，その際に，③各部局に対して地域・エリア別に編集したデータ・知見をインプットしつつ，どの地域・エリアを選定し，どのような政策支援メニューを設定し，効果的な誘導剤としてどのような予算措置を提示すべきか，また，地銀側が，その推進に向けてどのような連携活動を推進するかを提示・議論し，計画設定していく。

　具体的には，①のトップマネジメント間での合意のもと，県行政の各部局の行政計画と，地銀の各地域・エリアにおける事業計画とを同期させつつ検討・立案し，相互進捗確認を行っていくオペレーションの設定を目指していく。

　しかしながら，立上げ時の業務負荷や，既存の計画立案・推進に至る一連の業務オペレーションからの変化に対する抵抗感から，一足飛びに全県的・全組織的な取り組みに昇華することが困難な場合も想定されるため，全県的・全組織的な取り組みへの昇華を目指しつつも，対象部局，政策テーマや地域・エリアを絞った形で，ロールモデルとなりうるパイロットケースの創出を先行させることも現実解として有効であろう。

　その際に，GDPへの貢献目標を定量的に設定し，定量的な予実把握とその原因分析を通じてPDCAサイクルを共同で回していくことを前提に据えるべきである。

　「定量」にこだわるべき理由として，県内GDPという「定量値」自体をターゲットにした取り組みであることに加え，本取り組みの背景・目的に鑑み，言い訳の理屈化に陥りかねない定性的評価を最大限排すべき点が挙げられる。

　また，地銀という「数字」への感度が極めて高い事業経営体による，収益基盤安定化のための事業活動との連携を通じて，県行政はEBPM（Evidence-Based Policy Making：証拠に基づく政策立案）が加速されるという副産物を得ることにもつながるため，双方の利益のためにも「定量」にこだわった推進が有効

図表2-1-5　県内経済活動のポートフォリオ・マネジメント実現に向けた地銀－県行政連携メカニズムイメージ

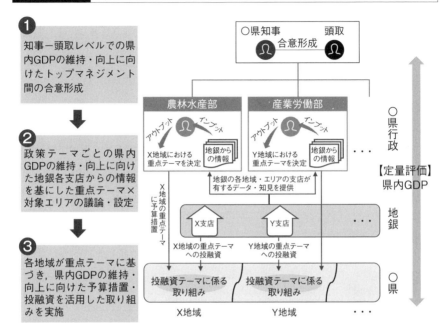

である。

　上記の取り組みは，かなり大掛かりな仕掛けに感じられるかもしれないが，着想の起点は，ある県行政に対して全県的な産業構想の立案を支援していた際のワンシーンに端を発している。

　産業政策の方向性を討議する県行政設置の検討委員会に，同県内で最大規模を誇る地銀の頭取が参画していたが，同委員会での議論への参加の傍ら，同席した秘書につぶさに指示を出し，各産業領域，各地域・エリアを担当する責任者に対して，同産業政策と連携した自行の事業としての政策連携・支援策の検討を矢継ぎ早に命じていた。

　地銀は，「県」を主な事業推進単位とし，県という土地と一体不可分の存在，かつ県財界における中核的な存在であるうえ，法人・個人を問わず，各プレイヤーに対して一定の「客観的見地」に立つという事業特性を有する。

　県行政と同じ志，同じ見地を有する唯一無二の存在として，その経済活動運

営の一体的なパートナーとして，ポートフォリオ・マネジメントメカニズムの創出，共同オペレーションの設定にまで踏み込んだ，より具体性を高めた連携と貢献を追求すべきである。

第2節 | 10年後の地域における金融機能

　前節の10年後の地域経済において優良劣敗が進む旨を記載したが，本節では，その地域経済の状況を踏まえ，10年後の地銀を取り巻く環境，地銀の将来を考えるには外せないオープンバンキングのトレンド，それを踏まえた地銀に求められる機能について考察する。

（1）10年後の地銀を取り巻く環境

　10年後の地銀を取り巻く環境はどのようになっているのであろうか。前節で記載しているように，都市圏を除く地方圏のGDPは右肩下がり，優勝劣敗の地域が明確化していく中で，地銀に近しい部分の事業環境の質的変化を捉えていきたい。まず，近年の地銀を取り巻く外部環境を，PEST（Politics/政治，Economy/経済，Society/社会，Technology/技術）の観点から概観する。その中でも規制産業である金融機関にとって切っても切り離せない「政治」，近年声高に叫ばれているデジタルの部分である「テクノロジー」を先に述べ，最後に経済・社会について「顧客」の観点から述べる。

　「政治」については，基本的には規制緩和の流れが加速化し，競争激化を促す政策の推進がより一層なされると考えられる。異業種向けの法令等のさらなる緩和により，非金融業による金融サービスが全国に普及するであろう。例えば，金融サービスの提供に関する法律がさらに緩和されて非金融業による金融商品がオンラインで全国に広まったり，労働基準法の緩和等によりデジタルマネーによる銀行口座を介さない給与支払が拡大するであろう。同時に銀行法がさらに緩和され，銀行の業務範囲が拡大し，広告等の非金融事業が銀行の主な収益源となる素地ができていくであろう。さらに，現在のマイナス金利政策の深掘りに伴い，金融機関の金利競争が止まらず，貸出金利がさらに低下することも想定される。

　「テクノロジー」については，技術の進化に伴い"既存のサービスを陳腐化させる"技術の実用化がより一層進むであろう。例えば，オープンAPIが実用

化され多種多様な金融サービスが普及することで既存の金融サービスが陳腐化していったり，銀行口座を介さない決済・送金可能なアプリが広まり銀行口座を持たずに資金移動を行うことが一般的になったりすることが想定される。今まさにデジタルマネーでの賃金支払制度「ペイロール」解禁の議論の真っ最中かと思うが，解禁される場合，銀行の預金の3分の2を占める個人預金が，PayPay等のプラットフォーマーとなりつつある資金移動業者のほうへ若年層を中心に流出してしまう可能性は十分にある。

　最後に「顧客」については，地域経済の地盤沈下に伴い，ターゲットとなる顧客数の減少や既存サービスへのニーズの消滅が発生しうる。例えば，法人顧客であれば，人口流出に加えCOVID-19の影響が長期化し地元の企業の資金需要がなくなったり，オンラインプラットフォームの拡大に伴い地元の店舗ではなく，Amazonや楽天等のチャネルで自社商品を販売することは容易に想像できる。その際に，地銀としては，単に貸出や預金為替等の商品を扱う存在ではなく，事業再生やM&A等に係るアドバイザーとしての立ち位置をより求められるようになるであろう。一方，個人顧客は，若い世代を中心に都市部への人口流出が加速し10〜20％程度の人口が地域から消滅すると同時に，キャッシュレスが当たり前になり，誰も銀行の店舗やATMに行かなくなるであろう。

　要するに，10年後，非金融業に対する金融規制のさらなる緩和や，地元企業の資金需要の消滅等により，地銀の既存の金融サービスが必要とされない世界になっていくことが想定されるが，これをピンチと捉えるか，ビジネスモデル変革のチャンスと捉えるかは各地銀次第といえよう。

（2）オープンバンキングのトレンド

①　オープンバンキングの世界観とは

　Bank of 2030等とよくいわれているが，2030年の銀行はどのようになっているのであろうか。筆者らはオープンバンキングというものが1つの解であると考えている。

　オープンバンキングとは，企業間で情報を相互に利用し合い，より利便性の高いサービスを提供する動き（分散型のビジネスモデル）のことを指す。わか

りやすくいうと，企業間がつながることで，銀行のサービスを銀行以外の企業のチャネルから受けることができ，銀行のチャネルから銀行以外の企業のサービスが受けられる世界になる，ということである。一方，現在の銀行（クローズドバンキング）は，銀行のサービスを銀行のチャネルで顧客に提供する（自前型のビジネスモデル）にとどまっている。

　具体的には，どのような世界になるのだろうか。大きく，「顧客接点」「手続」「提供サービス」の3つの観点で世界が変わると考えている。まず，「顧客接点」についてだが，例えば声により銀行取引ができるようになる。ボイステクノロジーは，私たちの身の回りにある機器へ搭載され始めており，家電や電子機器メーカーなどと銀行がつながることにより，より快適な銀行取引ができるようになる。

　次に，「手続」についてだが，例えば画像による本人確認ができるようになる。コグニティブテクノロジー（画像認識）も，さまざまな産業で実用化され始めており，企業横断の本人確認情報の一元化も進み始めていることも踏まえると，これらの機関と銀行がつながることにより，煩わしい手続がなくなり，画像のみで瞬時に本人確認ができるようになる。

　最後に，「提供サービス」についてだが，例えば交通・旅行・飲食などの非金融サービスを銀行が提供できるようになる。企業，もしくは業界内で閉じていた情報を集約し，アナリティクス／AIを駆使し，個人の趣味趣向に合わせたレコメンドを提示するネット企業がさまざまな業界で登場し，既存企業を脅かしている。銀行もさまざまな産業の企業と銀行がつながることにより，"お金"に関するサービスだけでなく，"生活"に関するサービスを包括的に提供できるようになる。

　オープンバンキングが実現した世界では，銀行にとって，大きなゲームチェンジが起こると考えている。"食べる""買う"といった生活行為は，「顧客の生活に密着」した「賢い」（＝AI搭載）エンドポイントデバイス群が支配し，銀行が提供するチャネルを経由する取引はあまり必要ない世界になる。すなわち，銀行はエンドポイントデバイスが提供するサービスの1つの要素にすぎなくなってしまうのである。

　もし，他産業とつながり，"お金"に関するサービス（＝伝統的な銀行サー

図表2-2-1　オープンバンキングとは

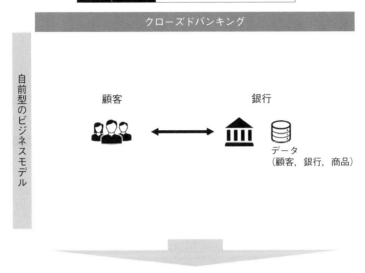

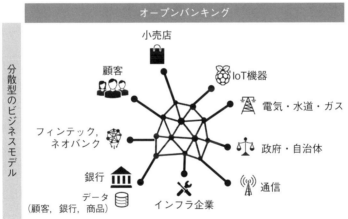

ビス）だけでなく，"生活"に関するサービスを包括的に提供する一員になることができないと，銀行はどのようになってしまうのであろうか。「役割を失っていく」可能性がある。具体的には，"食べる""買う"といった生活行為の中で発生する銀行サービスを提供する競合が多い中，必要とされない存在になっていってしまうのである。また，「顧客が見えなくなる」可能性もある。

"食べる""買う"といった生活行為から，最適なタイミングと最適なレコメンドで銀行サービスを提供する競合が多い中，選ばれない存在になっていくのである。オープンバンキングが実現した世界では，現状のビジネスにおいてどのように儲けるかという議論ではなく，ゲームチェンジにどのように適合していくかという議論が重要になってくるのである。

図表2-2-2　オープンバンキングによるゲームチェンジ

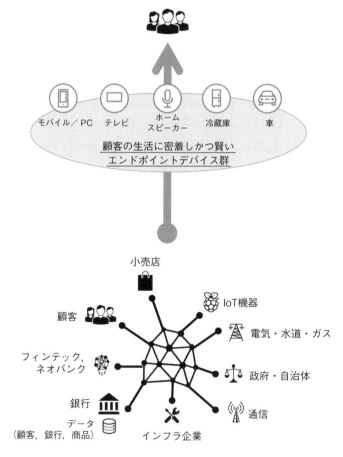

②　オープンバンキングの世界での戦い方とは

　オープンバンキングの世界での戦い方について，ここでは述べたい。現在の金融機関の戦い方が，自前の商品を自前のチャネルにて販売するモデルとした時に，戦い方の方向性が2つあると考えられる。

　1つは，プラットフォーマーと競合し，金融機関自身がエンドポイントを握る方法である。これは，全国レベルで見れば，Amazon，楽天と競合することとなる。ただ，地域レベルで見れば，地域住民の圧倒的支持を得るエンドポイントを目指すということを考えれば，不可能ではないのかもしれない。

　もう1つは，プラットフォーマー等のエンドポイントを握る他社と協業して商品提供のプロバイダーを目指す方法である。デジタル化に成功した金融機関として高い評価を得ているシンガポールを拠点とするDBS銀行による "Making banking invisible"（生活の中に入り込んで銀行を見えない存在にする）という戦略は，まさにこれを体現しているといえよう。

（3）10年後に地銀に求められる機能

　10年後の地銀を取り巻く環境，オープンバンキングのトレンド・戦い方を踏まえると，地域の金融機関としてプラットフォーマーとしてのサービス提供を求められる部分，一サービス提供者となってしまう部分等，領域ごとに求められる機能が変わってくると考えられる。結論としては，10年後，対顧客機能のうち地元の大企業や対面を望む高齢者・富裕層への金融サービス以外は，新たなプラットフォーマー等に大半が代替されうると考えられる。以下，具体的に各領域について記載する。

　法人領域に関しては，10年後も地銀がビジネスを展開する最重要領域であることは変わらないと想定される。むしろ，今以上にその重要性が増すであろうと思われる。ただ，ECでの営業が主となっている中小企業に関しては，データを保有するECが金融機能を拡大させていくことが想定されるため，一部離反する可能性がある。地銀は，地域の中小企業に対してプラットフォーマーとして彼らの成長=地域経済の成長を支え，コミットし続ける存在であることを求められる。

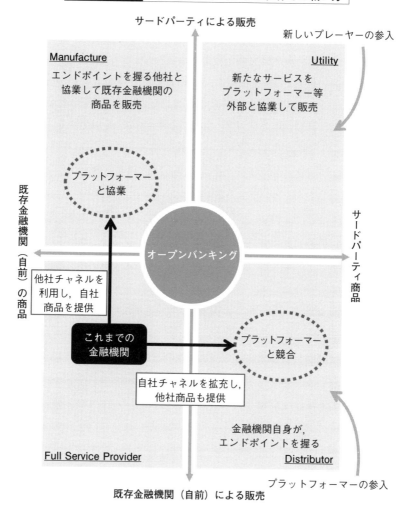

図表2-2-3　オープンバンキングの世界での戦い方

一方で，個人領域に関しては，様相は大きく変化すると考える。ネット銀行，ネット証券，決裁プラットフォーマー等の台頭により，地銀に求められる機能は限定されてしまうであろう。マス層・若年層は特に利便性の高い上記プレイヤーに代替され，銀行の預金全体の3分の2を占める個人の預金が流出してしまう可能性がある。ただ，富裕層・高齢者のような対面を望む層については変

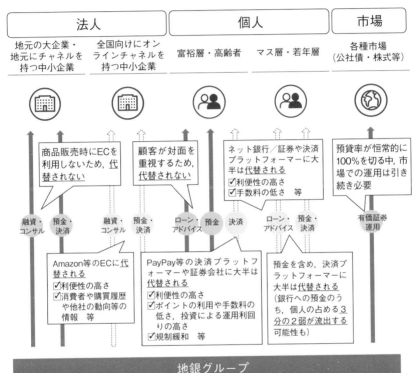

図表2-2-4　10年後に地銀に求められる機能

わらず頼られる存在としての機能が求められるであろう。地銀としては，個人領域に対してはプラットフォーマーとなるための投資をするのか，はたまた領域の選択と集中をするのか，各地域の状況を踏まえたマネジメントジャッジが求められる。

　市場領域については，かつては余資運用と呼ばれることも多かったが，現在では有価証券運用の重要性が高まっており，今後も高まっていくと考えられる。低金利の影響で貸出金利回りは長らく減少傾向で，2017年度には，有価証券利

回りが貸出金利回りを逆転している状況で，市場部門の運用収益は比較的堅調な推移となっており，地銀の業績に占める重要性が増してきているのである。もちろん，金融庁から有価証券運用に傾倒しないようにという声もあるが，それは運用・リスク管理体制が不十分な場合の話である。地銀としては預かり資産営業等に比べてはるかに収益性の高い市場部門に着目し，市場部門における運用体制，組織・人材の整備，システムインフラの整備にコストを掛けて本気で取り組むというのも，今後の収益の安定化の1つのオプションになるのかもしれない。

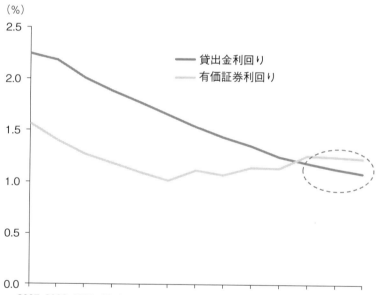

図表2-2-5　地銀の貸出金利回りと有価証券利回りの推移

（出所：全国銀行協会「決算の動向付属表・参考表」よりDTC作成）

第 3 章

10年後の地銀が
とるべき方向性

　10年後の地銀を取り巻く環境を踏まえると，地銀の目指すビジネスモデルはどのようになるのであろうか。低金利により資金収益が稼げない，地域の中で求められている役割が変わってきている等の状況を踏まえると，単なる現状のビジネスモデルの延長線上ではいけないと考えられる。本章では地銀がなぜ変革をしないといけないのか，変革する場合は具体的にどのようなビジネスモデルを目指していくべきなのかについて考察する。

第1節　地銀が目指すべき方向性

　本節では，筆者らの考える地銀の目指すべきビジネスモデルの概要について紹介し，第2節以降で各ビジネスモデルの具体的な内容について紹介する。目指すビジネスモデルの概要については，ビジネスモデルを変革する必要性，とりうるビジネスモデルの類型，目指すビジネスモデルを構築・実現する際のポイント，オペレーティングモデルの4つの観点から述べる。

（1）地銀がビジネスモデルを変革する必要性

　前章においては，10年後の地銀を取り巻く環境は大きく変化することが想定され，地銀にとってよりチャレンジングな環境になるということをお伝えした。ここでは，数字的な観点（収益の観点）から地銀がどのくらい危機的な状況に直面しているか，どのような事業ポートフォリオにしていく必要があるかについて述べる。

　デロイト トーマツ コンサルティングの試算では，地銀がビジネスモデルの転換をできなかった場合，10年後には地銀全体の約6割が赤字化するとともに，当期純利益総額も10年間で1〜2割程度に縮減する可能性があると考えている。101行の地銀に対して，2019年度の決算ベースでは，当期純利益の総額が6,650億円であるのに対して，2029年度には当期純利益の総額が947億円，赤字行が59行に上ると予想している。本試算は2019年度の決算に対して，低金利の継続に伴う貸出金利息の減少，政策保有株等の保有株式の含み益の枯渇を想定して算出したものとなる。一方で，役務取引等利益，有価証券利息配当，営業経費などは現状と同額という前提で試算したものとなっている。

　では，足元の利益に水準を維持するためには数字的な観点からどのようにすべきか。単純に計算をすると，すべての地銀が今後10年で経費の10％削減と役務利益の1.6倍への拡大の実現が必要であることが見えてくる。もしかすると，大手地銀であれば，経費は20％，役務利益は2倍といったレベルを目指していく必要があるのかもしれない。経費10％削減・役務利益1.6倍というのは，資

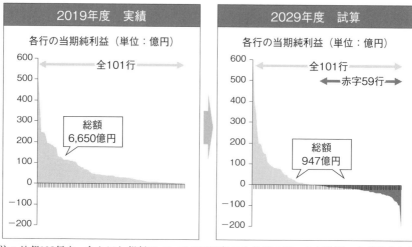

| 図表3-1-1 | 地銀における当期純利益・概算（2019→2029年度，各行別） |

注：地銀102行中，きらぼし銀行については2018年の合併前のデータが取得できず概算から
　　除外。純利益総額は全行の合算値より算出
（出所：全国銀行協会「各行別財務諸表」「2019年度決算の動向 付属表・参考表」よりDTC
作成）

金利益と役務利益の比率を現在の1：7から1：4程度を目指すということに
ほかならない。都市銀行の比率が1：2であることを鑑みると達成不可能な水
準ではないと考えられる。また，これは連単倍率（グループ連結／銀行単体）
がほぼ1倍となっている各地銀にとって，約2倍である都市銀行の事業ポート
フォリオに近づける必要があると言い換えることもできるのかもしれない。と
にかく，地銀にとっては，足元の利益水準を維持するためには，コストを抜本
的に削減しつつ，ビジネスモデルの転換を通じて事業ポートフォリオを変えて
いく必要があるのである。

（2）地銀のとりうるビジネスモデル

　今後目指すべきビジネスモデルは，各地銀の置かれている環境により変わっ
てくるものの，大きく5つに分類されると考えている。中長期的に目指すビジ
ネスモデルとして，地域プラットフォーマー型フルバンク，軽量型フルバンク，

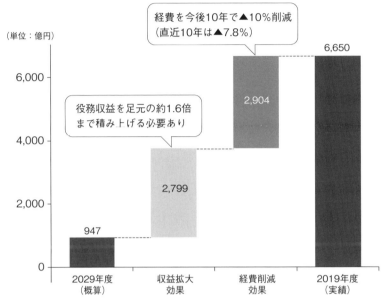

図表3-1-2　足元の利益水準を維持するためのアクション案

（単位：億円）

経費を今後10年で▲10%削減
（直近10年は▲7.8%）

役務収益を足元の約1.6倍
まで積み上げる必要あり

947　2,799　2,904　6,650

2029年度（概算）　収益拡大効果　経費削減効果　2019年度（実績）

注：2019年度の地銀102行全体の財務数値より算出
　　経費削減効果は「経費」（約2.9兆円）より算出
　　収益拡大効果は，経費削減効果考慮後の差分より算出
　　役務取引等利益は国内・海外合わせて4,995億円
（出所：各行IR資料よりDTC作成）

専門型バンク，短期的に目指すビジネスモデルとしての筋肉質従来型フルバンク，消極的な選択肢としての看板維持型フルバンクである。

　中長期的に目指すビジネスモデルは，地域プラットフォーマー型フルバンク，軽量型フルバンク，専門型バンクの3つがある。

　地域プラットフォーマー型フルバンクは，地域におけるトップ地銀（シェアNo.1の地銀），その中でも特に肥沃な地域にある地銀や域内シェアが圧倒的に高い地銀が目指すべきモデルとなる。具体的には，銀行が地域の持続的な成長を支えるプラットフォーマーとなり，地域プラットフォームを軸に，幅広い金融・非金融サービスで法人・個人のニーズにワンストップで応えて地域の持続的な成長にコミットしていく。事業としては貸金に偏重せず，上記を通じた役務収益の拡大や有価証券運用益の拡大によりポートフォリオをリバランスする

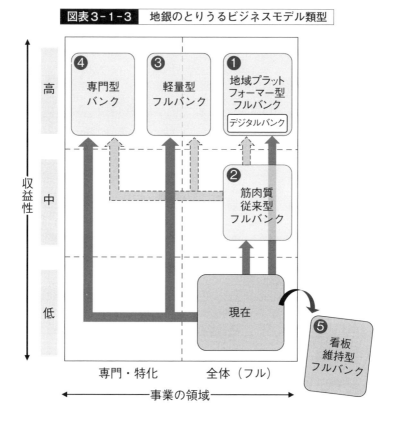

図表3-1-3 地銀のとりうるビジネスモデル類型

ことを目指す。

軽量型フルバンクは，地域におけるトップに準ずる地銀や，トップ地銀ではあるものの地域柄役務収益の獲得が難しい地銀が目指すべきビジネスモデルとなる。地域からフルバンク維持の要請はあるものの，地域経済やその銀行のポジショニングから役務収益の拡大が難しい銀行が対象となる。具体的には，次世代システムをベースに機能・業務を最低限に絞った軽量型銀行である。クラウド前提の基幹系システムに移行し，機能・業務を必要最小限の水準に絞ることで，システム費用を抜本的に削減しつつ最低限のフルバンク機能を維持する。地銀にとってのコストの大半を占める基幹系システムの保守運用費を抜本的に圧縮することにより，貸金偏重の事業ポートフォリオを維持することが意図である。このビジネスモデルを志向する場合，他行との共同化された基幹系シス

テムを利用するのではなく，独自で基幹システムを構築していく必要がある。というのも，共同化された基幹システムは，地域プラットフォーマー型フルバンクを志向する大手行のビジネスを前提とした多くの機能が実装される高コストなものとなる傾向にあるからである。

専門型バンクは，地域におけるシェアの低い地銀が目指すべきビジネスモデルとなる。地域における預金・貸金のシェアが2割未満の地銀にとってはフルバンクを維持するのではなく，得意領域にフォーカスしていくのが1つの勝ち筋であると考える。具体的には，収益性が高い領域にフォーカスした専門型バンクであり，地域のトップバンクとのポジショニングを踏まえた際に強みのある事業領域に注力して事業領域を限定化したうえで，併せてオペレーションも選択と集中をするのである。例えば，法人のアドバイザリーやミドルリスク・ミドルリターンの貸金へ注力，個人富裕層向けの預かり資産営業注力，個人マス層向けの消費者ローン注力等が考えられる。

また，短期的に目指すビジネスモデルとして，筋肉質従来型フルバンクがあるが，これはコスト削減を短期的に聖域なく徹底的に進める効率追求型銀行のことである。基本的には業務改革による人件費の削減，間接材コストの削減を徹底的に行い，自主退職も含めた人員整理もいとわないことが重要となってくる。ただ，事業ポートフォリオが変わるわけではなく，一時的・短期的な延命措置のため，中長期的には，地域プラットフォーマー型フルバンク，軽量型フルバンク，専門型バンクのいずれかを目指していく必要がある。

最後に，消極的な選択肢としての看板維持型フルバンクがあるが，これは他社の経営判断や共通化機能に依存する銀行のことである。他行・他社の傘下に入り，経営の舵取りを委ねつつ，グループ内の共通化機能を利用して徹底的にコストダウンすることで，行名・フルバンクを維持するというものである。今後地銀の統合・再編が増えてくることが想定されるので，戦略的にこのオプションをとる銀行が現れてくるのかもしれない。

（3）目指すビジネスモデルを構築・実現する際のポイント

10年後に目指すべきビジネスモデルの方向性には大きく5つあるとお伝えし

たが，各行ではそれぞれの置かれている環境を踏まえて，5つのモデルを参考にしながら，各行ならではの目指すビジネスモデルを構築し，それに向けて実行していく必要がある。

目指すビジネスモデルを構築する際には，現在のビジネスモデルの延長線上かつ既存のケイパビリティにとらわれて考えるのではなく，シナリオプランニングを用いて10年後の世界を描いたうえで，目指す姿を明確化する必要がある。要するに，10年後の世界を描いたうえで，「その時に，1から銀行を作るとしたらどのようなビジネスモデルにすべきか」を検討するのである。また，データの整備を行い，商品・サービスごとの収益をタイムリーに取得・分析できる体制を構築することにより，「慣習的」に維持している不採算な商品・サービスから撤退するという判断もしやすくなる。

目指すビジネスモデルの実現に向けては，目指す姿に向けた号令をかけるだけでなく，ヒト・モノ・カネといったリソースを十分にシフトしていく必要がある。また，オーガニックでは達成できないのであれば，インオーガニックな手法（M&Aやエコシステムの構築など）についても積極的に検討していく必要がある。

（4）地銀のオペレーティングモデル

地銀のオペレーションコストについては，抜本的に削減されることが求められ，今後も徹底的なBPR（Business Process Re-engineering：業務改革）や間接材のコスト削減は続けられるであろう。ただ，10年というスパンで見ると，地銀間でのオペレーションの共通化が今まで以上に進むであろうと考えている。基本的には，ビジネスモデル・人材以外の領域すべてが非競争領域と捉え，共通化の流れになっていくであろう。事務部門やコーポレート部門はもちろんのこと，市場部門，店舗，ATMといった部分も共有資産化されていく可能性が大いにあると考えている。

第2節　地域プラットフォーマー型フルバンクとは

（1）コンセプト・ビジネスモデル

　1つ目に紹介する「地域プラットフォーマー型フルバンク」は，地域プラットフォームを地銀自らが構築し，そのプラットフォームを軸として，幅広い金融・非金融サービスで法人・個人のニーズにワンストップで応え，地域の持続的な成長にコミットするビジネスモデルである。

　上記を通じて，貸出金利息に偏重せず，アドバイザリー手数料等の役務収益の拡大や，有価証券運用益の拡大により，ポートフォリオをリバランスすることをゴールの1つとしている。

（2）提供価値

　では，「地域プラットフォーマー型フルバンク」は，具体的にどのような事業を展開するのか。筆者らは，10年後の目指す姿として，「地域コングロマリット」という業態を想定している。

　図表3-2-1は，地銀グループのサービス領域の幅とサービスの質を表したマトリクスである。現在の地銀は，各行の取り組みの深度に多少の差はあるものの，主として銀行中心のプロダクトアウト的な金融事業を行っている。銀行以外の金融商品の提供は限定的であり，非金融サービスについては提携先やビジネスマッチングの登録先を紹介するのが関の山である。

　数年後には少なくとも，金融領域でのサービスラインナップをグループ一体で広げ，地域企業や住民の金融ニーズに応える「総合金融グループ」を目指したいところである。こうした取り組みはすでにメガバンクでは10年以上前から銀信証連携といった形で進められているが，地銀グループで各金融子会社が一体となっての営業活動はなかなか定着していない。

　ここからさらにマトリクス上で右上の方面に進化したのが，「地域コングロマリット」化した地域プラットフォーマーである。総合金融グループがカネに

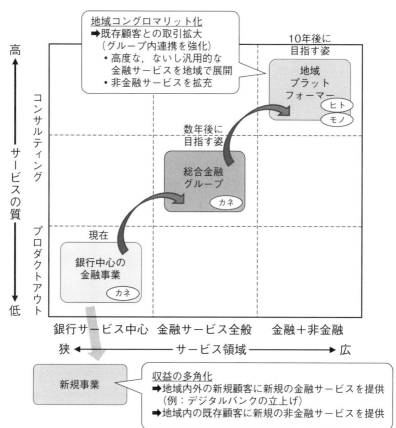

図表3-2-1　地域プラットフォーマーへの進化イメージ

関するサービスの提供にとどまるものとしたとき，この「地域コングロマリット」ではさらにモノやヒトという観点からのサービス提供ができるものを想定している。

　また，「地域コングロマリット」は基本的に既存顧客との取引拡大を目指すものであるが，このマトリクス外での事業の方向性として，「収益の多角化」が考えられる。具体的な例として，デジタルバンクの立上げにみられるような地域内外の新規顧客への新規の金融サービスの提供や，地域内の既存顧客への新規の非金融サービスの提供が挙げられ，こうした取り組みも事業ポートフォ

図表3-2-2	地域コングロマリットとしての提供価値

プラットフォーマーとしての地域支援	地域の企業・住民の課題・悩みをワンストップで解決し，地域経済の持続的な成長を支える ☑地域プラットフォーム（法人プラットフォーム・スーパーアプリ）を軸に，データドリブンでE2E（End to End）のアドバイザリーを実施 ☑自力再建が困難な企業の経営にコミットし，経営人材を送り込み，ハンズオン支援 ☑富裕層向けに専担者を置くプライベートバンク型の資産運用・管理を提供
非金融サービスの提供	規制緩和を踏まえ，地域の企業・住民の事業課題や生活するうえでの悩みに非金融サービスで応える ☑法人向け：地域商社，ITコンサル，人材派遣 等 ☑個人向け：地域SNS，地元のクーポン，見守りサービス 等
高度な金融機能の提供	グループ一体で地域の企業・住民の金融ニーズに応える ☑証券・信託・リース等のグループ連携の強化 ☑ストラクチャードファイナンス・アドバイザリー等の金融機能の高度化 ☑（メガバンクの顧客層よりやや小さく，かつ従来地銀がナレッジ不足で手を出せなかったホワイトスペースを深耕）

リオの改善のためには必要となろう。

　なお，先に述べた地域コングロマリットでの提供価値は，**図表3-2-2**のとおりである。

①　プラットフォーマーとしての地域支援

　本業態では，後述の高度な金融機能や非金融サービスによって，地域の企業・住民の課題・悩みをワンストップで解決するが，その軸となるのが地域プラットフォームである。

　地銀グループが地域経済の成長を広くかつ持続的に支えていくためには，従来のやり方では到底マンパワーが足りない。地域の中小行であれば一部の顧客に可能な範囲でサービス提供を行えばよいのではないか，という議論もありうるが，「地域プラットフォーマー型フルバンク」は地盤とする地域の成長にコミットする県内トップシェア級の地銀を想定している。

　そうしたときに，どうすれば効果的かつ効率的に地域経済を支えていくことができるか。筆者らはその解こそが，地域プラットフォームであると考えている。

近年，Amazonや楽天等，プラットフォームと称されるサービスは数多あるが，特定の地域にフォーカスし，地域企業の活動や個人の生活をワンストップでサポートするようなサービスはほぼないように思われる。地域を支えるプラットフォームを地銀が自ら構築し，そのうえで地域の企業・個人がつながるエコシステムとしての役割を果たすことで，企業の生産性が向上する／住民の生活が便利で豊かになるのみならず，地銀としてはさまざまなデータを収集できる。ここで得られるデータを分析・活用し，データドリブンのコンサルティング・アドバイザリーサービスを提供することで，顧客1人ひとりのニーズに合わせたOne-to-One営業が実現できる。また，営業のチャネルも，データをヒトが足を使って対面で収集していく必要性が減ることから，従来の店舗または訪問での対面型から，デジタルチャネルやコンタクトセンターも活用したオムニチャネル型に進化することで，より効率的な営業を実現できる。

他方，対面営業の重要性が失われるかというとそうではなく，より付加価値の高い分野にヒトを投入できるため，例えば，自力再建が困難な経営改革を要する企業の経営に入り込み，経営に長けた人材を派遣して社内から改革をハンズオン支援する，といった手厚いサービスも提供できるようになる。また，個人顧客に対しては，例えば，富裕層向けに専担のプライベートバンカーを置いたウェルスマネジメント等も提供しやすくなるだろう。

つまり，マス層向けには地域プラットフォームを活かしたデータドリブンのコンサルティングを行い，個別の層にはヒトを活かした手厚い支援を行う，といったメリハリの利いたサービス提供により，地域経済を広く深く支えていく業態といえる。

② 非金融サービスの提供

前述のとおり，「総合金融グループ」はあくまでカネに関するサービス提供にとどまるが，本業態では，非金融サービスも含めた幅広いサービスを提供する。

関連する動きとして，2020年に金融庁の金融審議会で開催された銀行制度等ワーキング・グループの議論を踏まえ，銀行法改正法案が2021年5月に国会で可決・成立した。本改正では，ポストコロナの経済の回復・再生を支える「要」

図表3-2-3　2021年銀行法改正における業務範囲規制の見直し

改正前の業務範囲規制

銀行持株会社
※傘下会社の経営管理業務および共通・重複業務のみ

1 銀行（本体）

兄弟会社
※子会社とおおむね同様の規制

保有可能な子会社
【金融】
銀行・証券信託・保険
金融関連会社（カード，リース等）
外国金融機関

【非金融】
2 銀行業高度化等会社
3 従属業務会社
4 投資専門会社

一般事業会社

1 銀行（本体）

行える業務は下記のみ・限定列挙
• 固有業務（預金・貸出・為替）
• 付随業務（債務保証，有価証券売買，その他（コンサル，BM，人材紹介，M&A）等）
• 法定他業（投資助言，信託等）

2 銀行業高度化等会社

下記要件の他業認可を受けることで実施可
• 銀行業の高度化または利用者の利便の向上に資する
• 出資が全額毀損しても財務良好
• 優越的地位濫用の著しいおそれなし
• 利益相反の著しいおそれなし
　　　　　　　　　　　　等

3 従属業務会社

銀行の所謂バックオフィス業務（下記）を実施
（収入依存度規制あり）
• IT外販，データ分析等，登録型人材派遣，ATM保守点検，印刷・製本，自動車運行，福利厚生，事務取次（CC等），DM発送　等

4 投資専門会社

下記を除き，一般事業会社には銀行5％・持株15％の出資上限あり
• ベンチャー企業・事業承継会社・地域活性化事業会社（投資専門会社経由のみ）
• 事業再生会社（本体からも出資可）

改正後の内容

付随業務として下記を内閣府令に個別列挙

高齢者見守りサービス
自行用システム・アプリの外販（IT外販）
データ分析・マーケティング・広告
登録型人材派遣

• 下記業務については通常認可（子会社設立）に緩和
　フィンテック　　地域商社
• 従来の従属業務会社での下記業務も通常認可で収入依存度規制なく取り組み可能に
　IT外販　データ分析・広告等
　登録型人材派遣　ATM保守点検　等
※兄弟会社で取り組む場合，認可でなく届出制に緩和

• IT外販等4業務について高度化等会社へ（再掲）
• 収入依存度規制に係る法令上の数値基準を削除（ガイドラインに考え方を記載）
• その他，収入依存度規制の要件を緩和

• 投資専門会社によるコンサル業務が可能に
• 事業再生会社・事業承継会社やベンチャービジネス会社の出資可能範囲・期間の拡大
• 非上場の地域活性化事業会社について，事業再生会社などと同様に100％出資が可能に

（出所：金融庁の国会提出資料をもとにDTC作成）

として，重要な役割を果たすことが期待される銀行の取り組みを後押しすべく，業務範囲規制や出資規制が見直されている。

　銀行本体で行うことが認められている付随業務の範囲が明示的に広がる，2017年に導入された銀行業高度化等会社への事業認可の規制が緩和される等，銀行グループが直接行える業務の幅がより広がったほか，投資専門会社を通じた一般事業会社への投資に関する規制も緩和された。特に，付随業務の範囲と

| 図表3-2-4 | 規制緩和を踏まえた足元の各銀行の取り組み |

銀行名	取り組み概要
十六銀行	☑2021年8月，岐阜県を代表するIT企業「電算システム」との合弁会社設立の合意を発表 ☑金融庁の認可取得を前提に2022年春の営業開始を予定
三井住友フィナンシャルグループ	☑2021年7月，電通グループとの合弁で，広告やマーケティング事業を手掛ける「SMBCデジタルマーケティング」を設立 ☑三井住友銀行のスマホアプリ等に顧客ニーズに合った広告を掲載する
紀陽銀行	☑2021年7月，銀行業高度化等会社の認可を取得し，子会社の「紀陽情報システム」にて外部向けシステム開発事業に進出
北國銀行	☑2021年6月，10月に予定する持株会社化へ向けた準備の一環で，企業向けコンサルティングを担う「CCイノベーション」，投資ファンド運営の「QRインベストメント」，投資助言業務の「FDアドバイザリー」の3社を設立

して，内閣府令に個別列挙される形で，高齢者見守りサービスやデータ分析・広告，登録型人材派遣等が認められており，銀行の収益機会を広げるとともに，地域をさまざまな面からサポートすることが期待されているといえよう。

こうした規制緩和を受けて，地銀を含めた複数の銀行では，解禁された業務の事業化の検討に入り始めている。

③ 高度な金融機能の提供

最後に，「地域コングロマリット」は，金融機能として，証券・信託・リース等のグループ一体での幅広いサービスラインナップと，ストラクチャードファイナンス等の高度な金融サービスを提供する。

特に後者の高度金融では，メガバンクの顧客層に比べてやや小さいが，従来の地銀ではナレッジ不足で手を出せなかった中堅企業層にホワイトスペースが存在する。本領域に収益機会を見出し，案件獲得に力を入れ始めている地銀も実際に出てきているが，自力ではノウハウや経験に限りがあるため，親密他行やコンサルティングファーム等の外部有識者の力を頼りつつ，体制整備に動いている。地域のことを深く理解している地銀がこうしたナレッジを備えることで，地域外に流れていたニーズを捕捉し，より地域企業および地域経済に資す

る案件として結実させることができよう。また，信用リスクの可視化・責任分担の明確化といった融資組成に絡む仕組み作り（ストラクチャードファイナンスの場合）や，売り手・買い手候補の探索とディール成立（M&Aアドバイザリーの場合）等の対価として得られる手数料収入（役務収益）は，貸出金利息に偏った地銀の事業ポートフォリオの是正に役立つだろう。

（3）地域支援のイメージ

①　全体像

　ここまで説明してきた「地域プラットフォーマー型フルバンク」が目指す地域支援のイメージを示したものが**図表3-2-5**となる。俯瞰的に見ると，大宗の地銀が目指している姿とそう変わらないのではないか，という印象を受けるかもしれないため，構成要素ごとに目指すべき水準についての説明を補足したい。

②　地銀グループ内

　プロフィットセンターを大きく対顧部門と市場部門とに分けた場合，前述のとおり，対顧部門では「グループ連携による幅広い金融サービスの提供」と「高度な金融ソリューションの提供」「規制緩和による非金融サービスの提供」が肝となる。

　1点目については，グループ企業が銀行と同格の存在となり，収益に大きく貢献している，というのが目指すレベル感である。近年，持株会社化を進める地銀が一部に出てきているが，決して持株会社化それ自体がゴールではなく，グループ企業が銀行の傘下を離れることで遠心力を利かせ，その専門性を十分に発揮することが重要である。また，2点目については，従来捕捉できていなかった中堅企業の高度な金融ニーズに対応できていること，3点目については，非金融事業が収益の柱に成長していること，がそれぞれ目指すべき姿となる。

　さらに，市場部門は，今以上に安定的に運用収益を獲得し，対顧部門の収益を下支えしていることが望ましい。対顧部門の地域顧客への取り組みは，従来の伝統的な預貸ビジネスモデルとは異なり腰を据えて中長期的な目線で行うこ

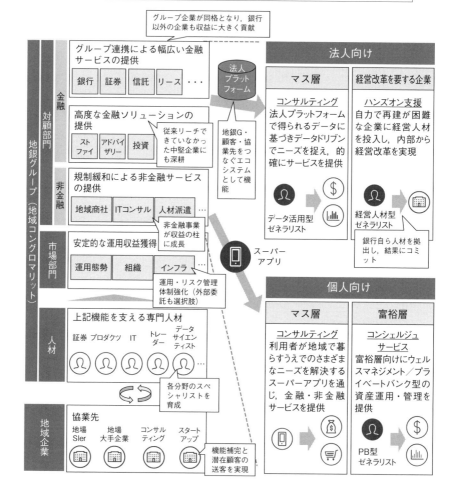

図表3-2-5 地域プラットフォーマー型フルバンクの支援イメージ

ととなるため，地銀自身のトランスフォームの過程で，投資が先行する（一時的に収益がついてこない）可能性がある。一方で大半の地銀は上場企業でもあるため，マーケットから利益獲得を求められるので，市場部門の採算の安定性というのは重要になってくるだろう。市場部門の強化に向けては，運用・リスク管理体制をしっかり整備することが必要であり，外部企業との提携やアウトソーシングも選択肢となる。

　そして，これら対顧部門および市場部門が機能するためには，専門人材が各分野のスペシャリストとして質・量ともに十分に確保・育成されていることが前提である。証券マン，金融プロダクツごとのエキスパート，ITコンサルタント，金融商品のトレーダー，データサイエンティスト，等の人材が各々の持場で活躍する必要があろう。

③　地域プラットフォーム・協業先

　地銀グループと顧客をつなぐ地域プラットフォームは，協業先となる地場企業も含めてのエコシステムとなることが理想である。前述のとおり，この地域プラットフォームは，それ自体がサービスの提供チャネルとなるとともに，地域の企業・個人に関わるデータを収集する基盤となる。また，協業先と地域プラットフォームを通じて連携することで，地銀グループの自前の商品のみならず，協業先の商品・サービスも加えてラインナップを拡充し，顧客満足度をさらに高めることができる。

　ちなみに，こうした地域プラットフォームには，どういった機能を備えるべきだろうか。その検討にあたっては，カスタマージャーニー起点で考えることが必要不可欠である。銀行が従来提供してきたようなインターネットバンキングの機能だけでは，企業活動や人々の生活の動線に食い込むには不十分であり，日々活用され，多数の関係者が集まるエコシステムには成りえない。

　法人向けを例にとると，ビジネスマッチングのネットワークや地域情報の配信等の機能を盛り込む地銀が出てきているが，さらに本業をトータルでサポートするパッケージとして，「購買」「販売」「会計」「人事労務」「マーケティング」「グループウェア」等の機能を備えることが考えられる。これらの機能一つひとつを自前で構築することが難しければ，外部のクラウド事業者と連携する等のオープンバンキング的なアプローチをとることも有力な選択肢である。また，銀行と顧客がつながるのみならず，顧客同士がつながる場とすることも，利用企業が増えれば増えるほど価値が高まるネットワーク効果を生み出すため有用である。こうした法人プラットフォームで得られるデータを活用したコンサルティング営業は，地銀にとって大きな武器になるであろう。

　個人向けも同様で，中国や東南アジアで発展しているスーパーアプリのよう

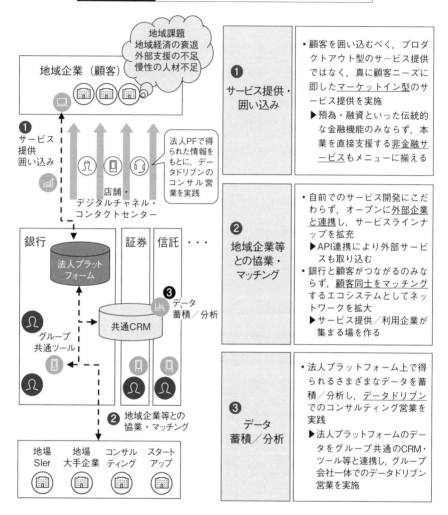

図表3-2-6 法人プラットフォームの成功のポイント

に，「支払」や「資産運用」等のおカネ周りの機能に加えて，生活に欠かせない「地域情報の配信」「地域内SNS」「飲食店情報」「EC」「モビリティ」等の機能も持つことが考えられる。

上記はあくまで1つの例であるが，どういった機能を持つにせよ，エコシステムの形成には時間がかかるため，足元の収益化を急がず，まずは幅広い利用

図表3-2-7　地域向けスーパーアプリのイメージ

コンセプト	■利用者が暮らす地域に密着し，生活上のさまざまなニーズや社会課題の解決に役立つ「スーパーアプリ」
機能概要	■地域SNS　┃地元で共有する┃ ▶特定の地域内の情報を利用者が掲示板に書き込み，利用者同士で共有し合うコミュニティ 　例）「子ども用マスクが〇薬局に売っていた」 ■重要情報の配信　┃困りごとを調べる┃ ▶利用者が生活するうえで重要な情報を配信 　例）コロナ感染情報、助成金等の申請手続 ■その他、各種ミニアプリ　┃払う┃ ┃乗る┃ ┃買う┃ ▶日常生活で使う便利な機能を複数搭載 　例）決済，配車，Eコマース，クーポン
効果	■務収益の獲得（送客手数料・広告料，金融関連サービス手数料にてマネタイズ） ■地域／社会貢献によるレピュテーション向上

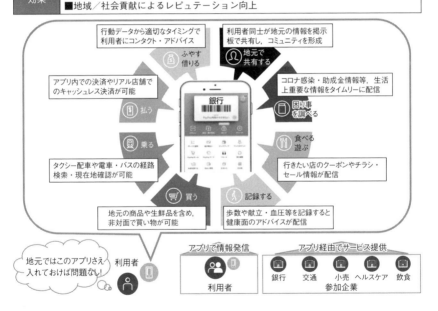

者の獲得と囲い込みに注力すべきである。

④　法人顧客

　法人顧客のうちマス層に対しては，法人プラットフォームで得られるデータに基づき，正確にそのニーズを捉え，的確なサービスを適時のタイミングで提

供することが重要だ。例えば，他行の口座も含めた会計データを収集できていれば，企業の金流全体が把握できるため，資金繰りを促すアラートおよび銀行融資の案内に関するプッシュ通知を画面上に半自動的に出すことも可能であろう。銀行が長年収集してきた決算書の数字は，有用な情報ではあるものの，数か月前の業績の断面にすぎず，情報の鮮度は低い。したがって，そこからの提案もどうしてもワンテンポ遅れてしまうが，上記のようなリアルタイムのデータを活かした仕組みを作れば，よりタイムリーな提案が可能となる。こうした営業の担い手としては，データサイエンティストのような高度なデータ分析力は要しないものの，データ分析から得られたインサイトを営業シーンに落とし込み活用できる次世代型のゼネラリストが必要となろう。

　また，個別の層，例えば自力での再建が困難な企業に対しては，銀行自らが人材を企業に派遣し，社内から経営改革をハンズオン支援することも必要である。地域企業のCX（Corporate Transformation）が進まない原因として，人材不足が挙げられることが多く，官民ともに人材マッチングを推し進めているが，筆者らは地域の優秀な人材を抱える地銀こそが人材供給元としての役割を果たすべきと考えている。銀行員が経営ノウハウにも長けたゼネラリストとして地域企業の再建にコミットし，ともに汗をかいて事業の再構築に尽力する。その先に業績の回復と銀行としての収益機会の拡大があると思えば，Win-Winの関係を築くことも可能ではなかろうか。

⑤　個人顧客

　個人顧客のうちマス層に対しては，法人と同様，利用者が地域で暮らすうえでのさまざまなニーズを解決するスーパーアプリを通じ，金融・非金融サービスを適時のタイミングで提供することが重要だ。ECサイトを通じて購買のタイミングでローンや後払いの案内を提示することや，飲食店情報のクーポンを配信することも可能であろう。金融サービスに係る金利・手数料に加えて，参画する企業から広告料や送客手数料を得ることも可能となる。

　また，富裕層に対しては，専担のプライベートバンカーを置くウェルスマネジメント型の資産運用・管理を提供することも有用である。外資系企業やメガバンクの後塵を拝してきた地銀のプライベートバンクビジネスであるが，地元

に密着し永年寄り添えることをアピールポイントとすれば，地銀にも勝算はあるように思われる。ただし，富裕層ならではの幅広いニーズに応えるには，アッパーミドル層の延長として顧客像を捉えていては限界があり，オーダーメイド型のサービス提供にノウハウを持った外部企業との提携が現実的な選択肢となろう。長期担当固定制や，顧客の資産残高に応じた人事報酬体系の設計等，整備が必要な体制も多岐にわたるため，真剣に攻めるには腰を据えて取り組む必要のあるマーケットである。

図表3-2-8　富裕層営業強化に向けて必要な見直しのポイント（例）

（参考）先進事例

1 担当の長期固定制	・富裕層顧客およびその家族と長期的な関係を構築すべく，プライベートバンカーが（営業店ではなく）直接顧客を担当し，原則として銀行都合での短期間の担当交代は行わず ・総合職としてのジョブローテーション運用を原則行わないため，人事制度・運用上の手当てが必要	☑担当の長期固定制（約7〜10年）を導入予定（三菱UFJモルガン・スタンレー証券） ☑顧客子息に対して金融セミナーを実施し，ミレニアル世代を取込み（米国シティ，モルガン・スタンレー） ☑5年にわたる長期研修体系を整備（米国メリルリンチ）
2 専門人材としての評価・報酬体系	・真に顧客利益に即したコンサルティングに向け，顧客から得られる運用収益ではなく，預り資産の残高や顧客自身の利益に連動した報酬体系を整備 ・併せて，腕利きのプライベートバンカーのリテンションのため，インセンティブ部分の大きいスキーム設計を整備する必要あり	☑顧客利益と連動した報酬体系や，専門職系への転向に係る仕組みを導入予定（三菱UFJモルガン・スタンレー証券） ☑専業子会社を設立し，銀行本体と異なる人事制度を導入（みずほプライベートウェルスマネジメント）
3 他社からのノウハウ導入	・自社グループよりプライベートバンキング領域のノウハウ・経験のある専業証券会社との提携を実施 ・提携先からのノウハウに基づき，自社の営業体制・教育体制等を整備	☑提携先の米国幹部の招聘，教育ノウハウや営業・ブランド戦略・活用中の先端テクノロジーの共有（MUFG×モルガン・スタンレー） ☑海外の運用商品に強いUBSとの提携（三井住友トラストHD）

（4）ビジネスモデルを支える体制（目指す姿）

① どのような体制を構築する必要があるか

　これまで説明してきたような「地域プラットフォーマー型フルバンク」の地域支援の実現に向けては，ビジネス・オペレーション・IT/データ・組織/人材の各観点で**図表3-2-9**のような体制が構築されていることが必要である。

② ビジネス

　対顧客部門では，まず新しい事業が自発的に顧客起点で生まれるような体制になっていることが必要である。経営陣から指示を受けたから，競合他行がやり始めているから，といった受け身の理由ではなく，あくまで顧客の目線に立ち，

図表3-2-9 地域プラットフォーマー型フルバンクの実現に向け構築が必要な体制

ビジネス	■新しい事業が自発的に顧客起点で生まれている　新規事業 ■顧客体験・チャネルが最適化され，顧客満足度向上と営業生産性向上を両立して実現している　法個営業 ■市場部門の体制が強化され，より高度な運用・リスク管理に基づき，持続的な運用収益を獲得している　市場部門
オペレーション	■他行との機能共通化やテクノロジー導入，保有物件の見直し等が進み，柔軟かつリーンなオペレーション体制が構築され，業務生産性が高まっている　オペレーション　（足元の利益水準を維持するためには，OHR60%台半ば以下を目指す必要あり）
IT・データ	■社内外のデータをグループ一元的に集約し，AIを活用した高度でリアルタイムな分析が実現している　データ活用 ■低コストで開発・改修への機動性が高く，外部接続しやすいアーキテクチャを備えた，DXを支えるITインフラが採用されている　ITインフラ
組織・人材	■チャレンジによる失敗を許容する文化，新しい働き方，顧客起点の考え方が定着している　カルチャー ■グループ会社との連携が強化され，顧客にとってシームレスな一体営業が実現できている　組織 ■ゼネラリスト・スペシャリストが社内に十分に確保されており，自前でEnd to Endのサービス提供ができている　人材

そのニーズに即した事業を立ち上げることが組織に根づいているべきである。

　そして既存事業については，顧客体験やチャネルが継続的に見直され，顧客満足度と営業生産性の両面で最適な形にアップデートされるような体制になっていることが必要である。一度作り上げたUI/UX（ユーザーインターフェース／ユーザーエクスペリエンス）は，環境変化の激しい現代においては残念なことにすぐに陳腐化していく。古いほうに固執することなく，サービスを新たな環境に適応させていかなければならない。

　また，市場部門については，安定的な運用収益の獲得に向け，より高度な運用・リスク管理を行う必要がある。そのためには，運用体制，組織・人材，システムインフラをそれぞれ自前ないし外部で整備しなければならない。特に，地銀の有価証券運用は，預貸率が落ち込む中で相当な資金を振り向けているにもかかわらず，人材の量・質が圧倒的に不足していることが多い。もちろんリスク管理も整備することが前提であるが，稼ぎ出す利益の額からして，ファンドマネージャー等の専門家を数十人単位で擁してもおかしくはないと考えられる。

③　オペレーション

　社内のオペレーションについては，業務生産性の向上のため，他行との機能共通化や最新テクノロジーの導入，保有物件の見直し等を進めることで，柔軟かつリーンな体制が構築されていることが必要だ。

　日本銀行は2020年に，経営の効率化ないし経営統合を行った地銀の当座預金残高に＋0.1％の付利を行う特別当座預金制度を時限措置として導入した。日銀に促されるまでもなく，OHRの改善は地銀各行の最重要課題の1つである

図表3-2-10　市場部門の体制

運用体制，組織・人材，システムインフラを自前もしくは外部で整備する必要あり
▶運用体制
　☑RAF，アセットアロケーションモデル，運用方針・モデル，リスク管理モデル，等
▶組織・人材
　☑ファンド・マネージャー（フロント）等の専門家を少なくとも数十人単位で確保
▶システムインフラ
　☑ポートフォリオ管理（フロント），VaR(ミドル)，決済・レポーティング(バック)，等

| 図表3-2-11 | オペレーションに係る取り組み例 |

▶他行とのオペレーションモデルの共通化
▶デジタルを活用した業務改革，コスト削減
　☑本部業務の断捨離，営業店における往訪前準備の自動化，営業店事務のセンター集約，RPAやCognitive技術の活用，等
▶保有物件のコスト最適化・収益化
　☑市場価値・利用価値に基づく不動産用途の見直し，空き店舗の外部向け賃貸・売却,等

が，足元の利益水準を維持するには，10年後までに10％以上の経費削減を行い，OHRで60％台を目指す必要があると考える。

④　IT・データ

　データ利活用の観点では，前述の地域プラットフォーム上のデータを活かすために，社内外のデータがグループ一元的に集約され，AI・アナリティクス技術を活用した高度でリアルタイムな分析が実現していることが必要である。データがグループ会社に散逸したままでは，得られるインサイトも断片的なものにしかなりえない。今後緩和の見通しが示されている銀行・証券会社間のファイアーウォール規制の動向も踏まえる必要があるが，顧客のニーズを深掘りし，より的確なサービスを提供するには，グループ内のCRMシステムをはじめとした情報系システムを共通化し，データを1箇所に集約することが望ましい。

　また，ITインフラについては，DXを支えられるよう，低コストで開発・改修への機動性が高く，外部接続しやすいアーキテクチャを備えている必要があろう。従来の銀行の勘定系システムは，メインフレームを活用した信頼性と堅牢性を備えたものであったが，機能それぞれが密に結合しており，開発・保守の際に影響調査の負担が大きい等のデメリットがあった。しかし，DX時代のシステム開発は，顧客ニーズの変化にアジリティを持って対応しなければならないため，機動的で自由度の高いアーキテクチャに転換していくことが必要となる。自前で開発する手間を省き，API経由で外部サービスを利用するほか，規模やサービスの拡張がしやすく保守の負担も小さいクラウドの導入も選択肢

である。

⑤　組織・人材

　最後に，「地域プラットフォーマー型フルバンク」の実現に向けては，この組織・人材をいかに作り変えていけるかが最も重要なイシューだと筆者らは考えている。

　銀行の減点主義的なカルチャーが銀行員のチャレンジやクリエイティブな発想を妨げている，と指摘をされて久しい。一朝一夕で社風を変えていくことは難しいが，挑戦したことにより成果が出なかった（ノーゲイン）としても，そこから得られる学び・成長を評価するような人事制度に見直す等，失敗を許容する文化を根づかせることが次世代の銀行には必要である。

　また，銀行員自身が視線を行内ではなく社外に向けることも重要だ。上司・担当役員の考えを忖度する・自社内の人間としか飲みに行かない・人事異動予想が酒の肴，と銀行員が行内に目を向けている例は枚挙にいとまがないが，特に指摘したいのは，優秀な銀行員にとって昇格と格の高い部署への異動がキャリアにとって何より大事，という点である。減点主義的人事が銀行員を縛りつける背景もここにあるが，銀行員のポテンシャルを最大限に発揮させるには，キャリア形成のフィールドを社外にも広げることが重要と考える。もはや終身雇用が保証される時代ではなく，セカンドキャリアも考えると，銀行員生活が定年まで続くほうが珍しい。銀行には，若手のうちから出向等で行員を社外の空気に触れさせるとともに，副業や退職した人材の出戻りを認める等の懐の深さが今後求められるかもしれない。

　人材については，ゼネラリスト・スペシャリストが社内に十分に確保されており，自前でEnd to Endのサービス提供ができていることが重要だ。ここでいうゼネラリストは，単独で各専門領域の案件のクロージングまで導く必要はないが，顧客の真のニーズに即したサービスを見極め，非金融商品も含めて，顧客に自分の言葉で説明・勧誘・提供が可能な営業人材を指している。また，スペシャリストは，前述のとおり，グループ内の各機能を支える，ITコンサルタントや金融プロダクツごとのエキスパート，データサイエンティスト等を指している。必要な人材については，人材要件を定義し，自社内の現在／将来

のポートフォリオを確認したうえで，採用・育成プランを中長期的に組んで計画的に進めていくことが必要である。

（5）中小地銀はどう対応すべきか

「地域プラットフォーマー型フルバンク」は，地域の成長にコミットし，DXに十分なリソースを投下しなければならないため，前述のとおり，地盤とする地域のトップシェア級の地銀を想定している。しかし，その中でも，各地域のGDPの大小によって，取り組み方には違いが出てくると考える。具体的には，域内トップ地銀でも，地域の経済規模が小さく行内リソースに限りのある中小行は，優先順位をつけて体制構築を進めつつ，地域により深く関与し，その成長を支援していく必要がある。

① 地域への関与度

まず，地域への関与の度合いとして，現状は財務面の支援が中心であり，その成長に十分に関われていないところ，大手地銀は自律的に成長を目指す企業を高度なサービスで支援することが中心となる。他方，中小地銀の場合は，地域の経済規模が小さいため，相対的に域内でのプレゼンスが高い銀行自らが，地域経済の将来像と成長に向けたシナリオを描き，牽引していく必要があるところに違いがある。

② ビジネス

次に，ビジネス面では，大手地銀は経営改革コンサルや高度な総合金融の提供，市場部門の強化を並行的に進めるところ，中小地銀の場合は，地域企業の経営基盤が比較的弱いことから，経営改革コンサル（IT/DX化や人材支援等）と，対顧部門の収益を下支えする市場部門の強化を優先して行う必要がある。したがって，高度な金融機能はやや劣後して体制整備していくことになる。

③ 組織・人材

最後に人材について，現状は従来型の法人RMが主で配置されているところ，

図表3-2-12	中小地銀が地域プラットフォーマー型フルバンクで目指す姿

		現状 (As-Is)	大手地銀の 目指す姿※ (To-Be ①)	中小地銀の目指す姿 (To-Be ②)	
地域への 関与度		・財務面の支援が中心であり，成長に関われていない	・自律的に成長を目指す企業を銀行が高度なサービスで支援	・成長に向けたシナリオを銀行が描き，自ら地域を牽引していく	地域の経済規模が小さいため，銀行自ら地域経済の将来を描き，牽引する必要あり
ビジネスモデルを支える体制	ビジネス	・貸出偏重（プロダクトアウト） ・市場部門の運用益は限定的	・経営改革支援を実施 ・高度な総合金融を提供 ・市場部門を強化	・経営改革支援を優先(IT/DX化や人材支援等) ・市場部門を強化	企業の経営基盤が比較的弱いことから，高度な総合金融機能より経営改革支援を優先
	オペレーション	・非効率なオペレーションが見直されておらず，コストが高止まり	・テクノロジー導入等により，柔軟かつリーンなオペレーション体制が構築され，業務生産性が向上		コスト削減・投資余力の捻出に直結するオペレーション体制の見直しを優先
	IT・データ	・データ活用が不十分 ・ITインフラが古く，維持更新・改修の負担が大きい	・社内外のデータをグループ一元的に集約し，AIを活用した高度でリアルタイムな分析を実現 ・安価で機動的かつ外部接続しやすいアーキテクチャを採用		法人向けPFやデータドリブン営業のベースとなるIT・データインフラの整備を優先
	組織・人材	・従来型の法人RMが主 ・グループ連携は限定的	・ゼネラリストとスペシャリストを確保 ・グループ連携を強化	・ゼネラリストを優先的に確保 ・グループ連携を強化	提供サービスに鑑み，金融のスペシャリスト確保よりもゼネラリストの確保を優先

※　前頁と同様の水準まで体制を構築

　大手地銀は前述のとおりゼネラリストとスペシャリストを確保していけばよい。他方，中小地銀の場合は，提供サービスについて高度金融よりも経営改革コンサルが優先されることに鑑み，スペシャリスト確保よりもゼネラリストの確保を優先する必要がある。

第3節　筋肉質従来型フルバンクとは

（1）コンセプト・ビジネスモデル

　2つ目に紹介する「筋肉質従来型フルバンク」は，業務改革を伴うコスト構造改革で徹底的にコスト削減を行う，効率追求型のビジネスモデルである。他方，事業ポートフォリオ自体は従来と大きく変えないことから，一時的・短期的な延命措置といえるため，長期的な検討も併せて必要となる。

　つまり，本ビジネスモデルを暫定的に経つつも，将来的には「地域プラットフォーマー型フルバンク」「軽量型フルバンク」「専門型バンク」等からいずれかを長期的に目指す意思決定を行うことを余儀なくされる。

（2）コスト構造改革のアプローチ（ボトムライン）

　「筋肉質従来型フルバンク」は，徹底的な経費削減に向け，人件費をターゲットとした全社業務改革と物件費等をターゲットとした費目ごとの最適化を通じて，コスト構造改革を行っていく。以下，費目ごとに説明していきたい。

①　人　件　費

　まず，人件費削減に向けては，BPRを通じて，銀行本体およびグループ各社の各機能を効率化していくことが有用だ。例えば，営業店における営業プロセスのデジタル化や後方事務のセンター集約化，本部業務の断捨離，事務センターの業務見直し等が挙げられる。

　また，チャネル戦略の一環での実店舗のあり方の再定義と営業店の統廃合により，人員再配置を行うことも有効である。ただし，今後本格的に営業店を事務から営業・コンサルティングの場とする過程で，長らく営業店で事務を担ってきたいわゆる一般職系の人材にスキルと職務のミスマッチが生じうる。日本の法制度上，人員整理・解雇といった強硬策はとりづらいため，当該行員の理解を得つつ，後方事務部門への配置転換か，あるいは営業へのリカレント教育

図表3-3-1　コスト構造改革のアプローチ例

		検討すべき内容	期待効果（%） （現状からの削減率）	実現可能性
人件費	㋐ 業務 BPR	銀行本体およびグループ各社の各機能を効率化 ■営業プロセスのデジタル化，後方事務の集約化 ■本部業務の断捨離，事務センターの業務見直し（RPA化等）	人件費の 10%程度	中～高
物件費	㋑ 営業店の 統廃合	実店舗の見直しにより，人員再配置と固定資産圧縮を実現 ■チャネル戦略の一環として，実店舗のあり方を再定義 ■所有する旧店舗等は売却ないしは別途活用して収益化	N/A （償却済物件では限定的）	
	㋒ 調達購買 見直し	間接材の費目別精査を行い，削減可能分を削り取り ■期待削減効果と実現可能性で各費目をマッピング ■要否再検討やベンダーとの交渉／切替え等により経費削減	5～15%程度（費目による）	
	㋓ ITシステ ム見直し	システムのあり方を再検討し，ITコストを抜本的に見直し ■アーキテクチャ変革，クラウド活用，保守体制見直し等を実施 ■ブラックボックス化を防ぎつつ，ローコストオペレーション体制を構築	N/A	
税金	㋔ 各種制度	各種制度等を活用し，収益を上積み ■日銀特別付利制度，DX投資促進税制，合併等に係る資金交付制度等を活用	（制度による）	
その他 包括 対応	㋕ スモール バンク化	ライトアセット体制に再編し，それに応じた営業体制を構築 ■ライトな基幹システムを自前構築。営業店端末はタブレットに置換 ■フルバンクシステムを脱することで，提供可能なサービスが限定化	N/A	低～
	㋖ 他行との 合併／ 統合	合併／統合を通じてオペレーションやシステムを共通化 ■オペレーションは標準化・共通化し，システムは片寄せする ■本部機能・人員も片寄せする一方，営業店の統廃合を推進		

を行う必要があろう。

　なお，業務削減を行っても人員は減らないため，人件費の削減にはつながらないという意見がよく聞かれる。しかし，有期雇用職員（パートタイマー）の雇い止めや退職者補充の停止，新規採用の減少といった自然減での人件費削減も可能であるほか，業務がある限りそこに人は居着いてしまう側面があることから，やはり業務削減を先行して行う意義はあるものと考える。

②　物件費

　次に，物件費の削減については，前述の営業店統廃合の中で，所有する旧店舗等を売却ないしは別途活用して収益化することがまず考えられる。金融庁が2017年に監督指針を改正したことで，銀行による自社不動産の賃貸は従前より認められやすくなっており，地域のコミュニティスペースとして活用する等，地方創生と絡めた取り組みができるものと考える。

　また，調達購買の見直しとして，間接材の費目別精査を行い，削減可能分を削り取ることも有用である。ステップとしては，期待削減効果と実現可能性の大小で各費目をマッピングしたうえで，そもそもの調達要否の再検討やベンダーとの交渉／切替え等により，間接材購買費用を削減していくこととなる。

　さらに，ITシステムのあり方を再検討し，ITコストを抜本的に見直すことも重要だ。アーキテクチャ変革やクラウド活用，保守体制見直し等を実施し，IT部門・システムのブラックボックス化を防ぎつつ，ローコストオペレーション体制を構築することが肝要となる。

③　税金（補助金を含む）

　最後に，各種公的制度を活用することで，税金費用の削減等を行うことが可能である。

　2021年度に創設された「DX投資促進税制」では，全社レベルのDXに向けた計画を主務大臣が認定したうえで，DXの実現に必要なクラウド技術を活用したデジタル関連投資に対し，税額控除（3〜5％）または特別償却30％を受けられる。情報処理推進機構が審査する「DX認定」を取得しておく必要がある等，要件のハードルはあるものの，DX認定自体が公表されることからマー

ケットへの一定の訴求効果も見込め，社内のDX促進のインセンティブにも活用できる制度である。

　また，銀行法とともに2021年度に改正法が成立した金融機能強化法では，人口減少地域で合併や経営統合など事業の抜本的な見直しを行う地銀や信用金庫を対象に，システム統合や店舗統廃合で発生する初期費用の3分の1程度，最大で30億円程度を交付する制度が創設された。

　前述した日銀特別付利制度（経営の効率化ないし経営統合を行った地域金融機関の当座預金残高に＋0.1％の付利を行う特別当座預金制度）も含めて，いずれも数年間の時限措置であるが，地銀各行が今後進めていかざるを得ない取り組みを後押しする類のものであるため，積極的な検討・活用をお勧めしたい。

④　その他

　最後に，その他のコスト削減施策として，他行との合併／統合を通じたオペレーション・システムの共通化がある。銀行各行のオペレーションは標準化・共通化しつつ，システムや本部の機能・人員は片寄せを進め，併せて営業店の統廃合も推進していくことで，シナジーを利かせることが可能であるが，特に店舗チャネルの見直しについては，両行それぞれの歴史や大口顧客との取引，行員の心情等，さまざまな点に配慮しながら進める必要がある。

　また，システムに着目した施策として，「軽量型フルバンク」化という選択肢も有用だ。クラウド前提の次世代基幹系システムに移行し，機能・業務を必要最小限の水準に絞ることで，システム費用を抜本的に削減するものだが，詳細は次節で後述したい。

（3）地銀に係るプロダクト例とホットスポット（トップライン）

　「筋肉質従来型フルバンク」は，コスト削減中心に収益性を高めるビジネスモデルであり，事業ポートフォリオ自体は従来と大きく変えないものの，ニッチ領域を含めた“ホットスポット”を見極め，コスト削減で捻出した経営資源を投下していくことも選択肢となる。以下，筆者らが考えるホットスポットの仮説を紹介していきたい。

図表3-3-2 地銀に係るプロダクトとホットスポットの仮説

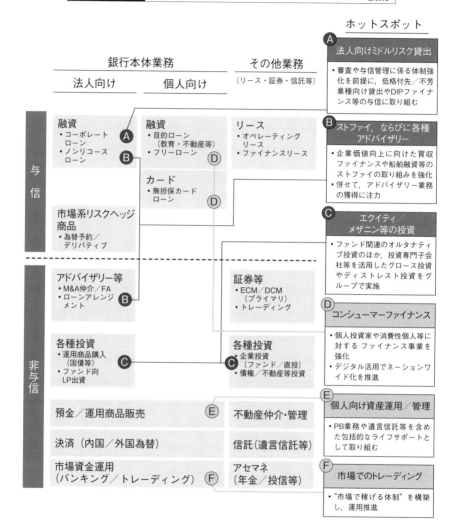

ホットスポット

A 法人向けミドルリスク貸出
- 審査や与信管理に係る体制強化を前提に，低格付先／不芳業種向け貸出やDIPファイナンス等の与信に取り組む

B ストファイ，ならびに各種アドバイザリー
- 企業価値向上に向けた買収ファイナンスや船舶融資等のストファイの取り組みを強化
- 併せて，アドバイザリー業務の獲得に注力

C エクイティ／メザニン等の投資
- ファンド関連のオルタナティブ投資のほか，投資専門子会社等を活用したグロース投資やディストレスト投資をグループで実施

D コンシューマーファイナンス
- 個人投資家や消費性個人等に対する ファイナンス事業を強化
- デジタル活用でネーションワイド化を推進

E 個人向け資産運用／管理
- PB業務や遺言信託等を含めた包括的なライフサポートとして取り組む

F 市場でのトレーディング
- "市場で稼げる体制"を構築し，運用推進

銀行本体業務

| 法人向け | 個人向け | その他業務（リース・証券・信託等） |

与信

融資
- コーポレートローン
- ノンリコースローン

融資
- 目的ローン（教育・不動産等）
- フリーローン

リース
- オペレーティングリース
- ファイナンスリース

カード
- 無担保カードローン

市場系リスクヘッジ商品
- 為替予約／デリバティブ

非与信

アドバイザリー等
- M&A仲介／FA
- ローンアレンジメント

証券等
- ECM／DCM（プライマリ）
- トレーディング

各種投資
- 運用商品購入（国債等）
- ファンド向LP出資

各種投資
- 企業投資（ファンド／直投）
- 債権／不動産等投資

預金／運用商品販売

不動産仲介・管理

決済（内国／外国為替）

信託（遺言信託等）

市場資金運用（バンキング／トレーディング）

アセマネ（年金／投信等）

① 法人向け

　法人向けビジネスとしては，審査や与信管理に係る体制強化が前提ではあるが，比較的利鞘が得られやすいミドルリスク貸出（低格付先／特定業種向け貸出，DIPファイナンス等）に取り組むことがまず考えられる。また，高度金融

機能としてのストラクチャードファイナンスや各種アドバイザリーも有力である。企業価値向上に向けたLBOファイナンスや船舶ファイナンス等の融資組成に加えて，後継者不足から今後ますます需要が高まると思われる売り手側のM&A等のアドバイザリーにより，役務収益獲得の機会が増えるであろう。さらに，融資のみならずエクイティ／メザニン投資も地域銀行にとっては成長余地がある領域であろう。ファンド関連のオルタナティブ投資のほか，投資専門子会社等を活用したグロース投資やディストレスト投資をグループで実施していくことも考えられる。

②　個人向け

　個人向けビジネスでは，コンシューマーファイナンスと個人向け資産運用・管理が期待できる領域である。

　前者は，銀行カードローンや消費者金融，クレジットカード付帯のキャッシングが代表的なプレーヤーとなるが，過払金返還問題や総量規制に伴い，近年は消費者金融に取って代わり銀行が大きくシェアを伸ばしている。昨今の低金利局面でも平均金利が10%前後と高く，地銀ならではの安心感をテコに，ブランド想起率を高めることができれば，安定した収益を稼ぐことができるだろう。借入れに抵抗感が強い女性や，業界で積極的に開拓してこなかった高齢者，民法改正により新たに成年となる18・19歳の若年層等，まだまだホワイトスペースがあるのも魅力的だ。

　また，後者は，前節でも触れたプライベートバンキング業務や，遺言信託等を含めた包括的なライフプランニングサービスの需要が高いと見込まれる。サービスのデジタル化が進む中，対面でのアドバイスを望むシニアを中心に，寄り添い型のアドバイザリーを提供することで，長きにわたるリレーションを築くこともできるであろう。

③　市場部門

　最後に，前節でも記載したように，貸出金利息の縮減が見込まれる中にあっては，市場部門の強化も重要である。余資運用ではなく本業の柱と捉え直し，運用・リスク管理体制を整備していくことが必要だ。

第4節　軽量型フルバンクとは

（1）コンセプト・ビジネスモデル

　3つ目に紹介する「軽量型フルバンク」は，クラウド前提の次世代基幹系システムに移行し，機能・業務を必要最小限の水準に絞ることで，システム費用を抜本的に削減しつつ最低限のフルバンク機能を維持するビジネスモデルである。

（2）システムコストの抜本的な削減

　装置産業といわれる銀行において，その経費で大きな割合を占めるのがシステム費用である。中でも，堅牢性が求められてきた勘定系システムに係る費用は特に大きいが，こうした基幹系システムをクラウド前提の次世代システム（SaaS型）に移行することで，開発費・保守費を大幅に削減できる。

　まず，イニシャルコストの削減としては，基盤／アプリの設計・構築やハードウェア・ソフトウェアの調達が不要となるため，開発費が削減可能であり，またローンチまでの期間も短縮が可能だ。さらに，将来予測に基づくシステム構成ではなく，実需に応じた従量課金となるため，無駄なランニングコストが発生しづらい。ハードウェア・ソフトウェアのバージョンアップや保守・運用の負担がほぼなくなることで，行内体制も縮小でき，他領域への余力捻出が可能である。

　クラウドバンキング提供ベンダーによる調査では，銀行が次世代型のクラウドネイティブバンキングプラットフォームに移行した場合，基幹機能に関連するITコストが約50％削減されるという試算も示されている。

　ただし，コストメリットをきちんと出していくには，実装する機能の取捨選択が肝となる。というのは，現状のサービス継続のために既存の機能・システムを維持すると，残したシステムのメンテナンスに従来同様の費用がかかり，結局コストが割高になってしまう。必要最小限の水準に絞り込むことが重要な

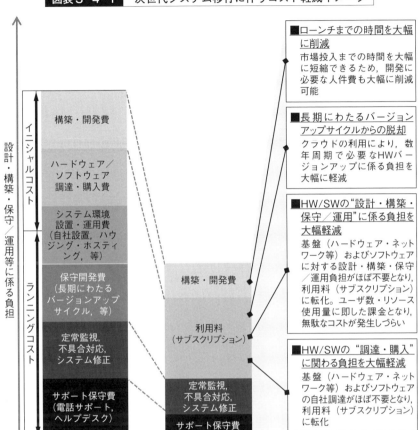

図表3-4-1　次世代システム移行に伴うコスト軽減イメージ

■ローンチまでの時間を大幅に削減
市場投入までの時間を大幅に短縮できるため，開発に必要な人件費も大幅に削減可能

■長期にわたるバージョンアップサイクルからの脱却
クラウドの利用により，数年周期で必要なHWバージョンアップに係る負担を大幅に軽減

■HW/SWの"設計・構築・保守／運用"に係る負担を大幅軽減
基盤（ハードウェア・ネットワーク等）およびソフトウェアに対する設計・構築・保守／運用負担がほぼ不要となり，利用料（サブスクリプション）に転化。ユーザ数・リソース使用量に即した課金となり，無駄なコストが発生しづらい

■HW/SWの"調達・購入"に関わる負担を大幅軽減
基盤（ハードウェア・ネットワーク等）およびソフトウェアの自社調達がほぼ不要となり，利用料（サブスクリプション）に転化

のである。
　現状，他行との共同化システムを利用している場合は，主導する大手行のビジネスを前提とした多くの機能が維持されるため，上記のような機能の絞り込みが行われる可能性は低く，抜本的なコスト削減に向けては共同化システムからの脱却と自前でのシステム再構築が必要となる。

（3）アーキテクチャ

　上記のようなコスト削減を可能とするシステムアーキテクチャはどのような
ものなのであろうか。そのポイントは，「次世代勘定系」と「マイクロサービ
スアーキテクチャ」とにある。勘定系自体をオープン化し，SoE層（外部・顧
客との接点に着目して設計されたシステム階層）とAPIで連携することで，あ
らゆる要件変更をSoE層側で対応可能にすることができる。このオープン化を
前提に，SoE層でAPIを通じて外部のマイクロサービスと連携していくことで，
機能の追加・変更を実施しやすくしている。

　海外では，顧客管理／アナリティクス／リスク・コンプライアンス／ペイメ
ント／ローンといった各種機能ごとに無数の外部サービスが立ち上がっている
ほか，そうしたサービスのつなぎ込みをすでにパッケージ化してソリューショ
ンとして銀行向けに提供している例もあり，今後マイクロサービスを利用した
短期間でのバンキング事業立上げ・システム更改の事例は日本国内でも増えて
くると想定される。

（4）業務イメージ

　上記を踏まえた「軽量型フルバンク」のサービス・業務内容について，イ
メージを紹介したい。まずサービスについては，実装する機能の絞り込みに合
わせて，商品の選択と集中を余儀なくされる。したがって，価格やコンサル品
質等の差別化が肝になっていく。また，オペレーションについては，ATMを
自前で持たず，店舗を完全にキャッシュレス化するとともに，店頭に持ち込ま
れた事務はすべてタブレットで受け付けることで，完全なペーパーレス化・
バックレス化が実現し，事務人材が実質的にゼロになっていくと想定される。
最後にチャネルについては，上記のオペレーションの完全3レス化に伴い，自
前で大規模店舗を構える必要性がなくなるため，営業に特化した形での賃借物
件への出店や他業態との併設が進行すると思われる。

　したがって，「軽量型フルバンク」は，営業用の実店舗は持つものの，実質
的にデジタルバンクへシフトしていくビジネスモデルといえよう。

第5節　専門型バンクとは

（1）コンセプト・ビジネスモデル

　4つ目に紹介する「専門型バンク」は，フルバンキングの継続は断念しつつ，収益性が高く強みを発揮できる事業領域・サービスにフォーカスし，オペレーションもそれに合わせてスリム化することで，地域での存続を可能とするビジネスモデルである。

　本ビジネスモデルは，「法人注力型」「個人富裕層注力型」「個人マス層注力型」の大きく3つに大別されると想定している。

（2）法人注力型

①　コンセプト

　利鞘が得られやすいミドルリスク貸出（低格付先／特定業種向け貸出，DIPファイナンス等）や，高度金融機能としてのストラクチャードファイナンスや各種アドバイザリー等，特定の法人ニーズに絞り込み，金利・手数料収入を稼いでいく類型である。

②　実現のポイント

　実現のポイントとしては，個人顧客へのサービスを行わないことから，貸付の原資となる預金を確保・維持できるかがネックとなる。したがって，まず支店を営業所に転換するとともに，預金・為替業務は原則オンラインで受け付けることで店舗運営コストを下げ，他行比高い金利を提示して法人・個人から預金を調達することが考えられる。

　個人営業担当は余剰となるため，リスキルを施したうえで法人向けのコンタクトセンター等に再配置し，新規採用の縮減等による自然減により規模を縮小していくことも必要となる。

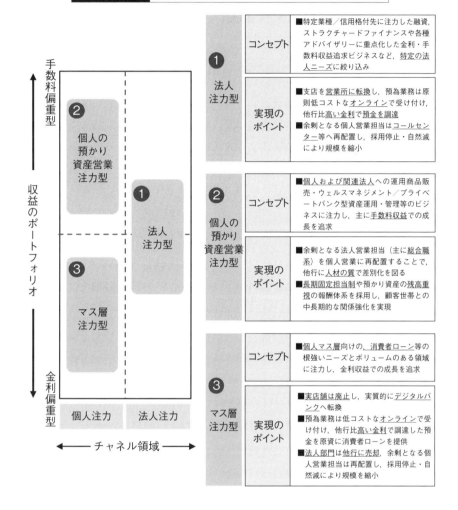

図表３-５-１　専門型バンクのとりうるビジネスモデル類型

❶ 法人注力型	コンセプト	■特定業種／信用格付先に注力した融資，ストラクチャードファイナンスや各種アドバイザリーに重点化した金利・手数料収益追求ビジネスなど，特定の法人ニーズに絞り込み
	実現のポイント	■支店を営業所に転換し，預為業務は原則低コストなオンラインで受け付け，他行比高い金利で預金を調達 ■余剰となる個人営業担当はコールセンター等へ再配置し，採用停止・自然減により規模を縮小
❷ 個人の預かり資産営業注力型	コンセプト	■個人および関連法人への運用商品販売・ウェルスマネジメント／プライベートバンク型資産運用・管理等のビジネスに注力し，主に手数料収益での成長を追求
	実現のポイント	■余剰となる法人営業担当（主に総合職系）を個人営業に再配置することで，他行に人材の質で差別化を図る ■長期固定担当制や預かり資産の残高重視の報酬体系を採用し，顧客世帯との中長期的な関係強化を実現
❸ マス層注力型	コンセプト	■個人マス層向けの，消費者ローン等の根強いニーズとボリュームのある領域に注力し，金利収益での成長を追求
	実現のポイント	■実店舗は廃止し，実質的にデジタルバンクへ転換 ■預為業務は低コストなオンラインで受け付け，他行比高い金利で調達した預金を原資に消費者ローンを提供 ■法人部門は他行に売却，余剰となる個人営業担当は再配置し，採用停止・自然減により規模を縮小

③ 事　例

　本類型の参考事例として，あおぞら銀行を紹介したい。日本債券信用銀行を前身とする同行は，規模としては大手地銀と同水準ながら，個人向けのサービスは預金や資産運用に絞っており，住宅ローンや消費性ローンは取り扱っていない。実店舗と並行してインターネット支店「BANK」を立ち上げ，他行より

高い金利で個人顧客を惹きつけ，預金を調達している。一方，運用サイドは，すべての貸出が法人向けとなっているが，海外向け貸出および仕組み金融の比重が大きい点に特色がある。貸出金のうち3割強を海外向け貸出が占めており，うち大宗は北米向けとなっている。現地法人が情報収集・モニタリングを強化した結果，良質な案件の取り上げが増え，高い格付の割合が足元で増加している。また，不動産ノンリコースローンやプロジェクトファイナンスの割合も大きく，特に北米では貸出金の半分を占めるほどとなっている。目先の金利・手数料を重視した運用ではなく，リスクにも適切に配慮したポートフォリオとなっており，長年ノウハウを蓄積した結果としてのユニークなビジネスモデルといえよう。

（3）個人富裕層注力型

①　コンセプト

　個人およびその関連法人への運用商品販売・ウェルスマネジメント／プライベートバンク型資産運用・管理等のビジネスに注力し，主に手数料収益での成長を追求する類型である。

②　実現のポイント

　実現のポイントとしては，法人営業担当が余剰となるため，これらの人材を個人営業に再配置することで，他行に人材の質で差別化を図ることができる。具体的には，総合職系が主となることからもともと営業に対して抵抗がない／薄いこと，法人営業のバックボーンを活かして関連法人も含めた法個一体でのサービス提供ができること等，強みを発揮させることが可能だ。

　これらの人材を投入することに加えて，長期固定担当制や預かり資産の残高重視の報酬体系等の体制を整えることで，顧客世帯との中長期的な関係強化を実現できると考える。

③　事　　例

　本類型の参考事例として，スイスのジュリアス・ベアを紹介したい。チュー

リッヒの両替商に源流を持つ同社は，法人や個人への総合金融サービスを営むクレディ・スイス等と異なり，個人富裕層の資産管理を専門とするプライベートバンクの大手である。顧客には一定の最低預入金額を設定し，一定以上の資産を持つ顧客に限定して長期的な資産運用サービスを提供している。また，一個人のみならずその家族全体の資産管理・継承を目的とした「ファミリーオフィス」の設置・管理や，ファミリービジネス支援，慈善活動支援も手掛ける等，画一的ではないテーラーメイド型のサービスとなっている。担当者は一顧客ごとに配置し，長期間固定することで強固な関係を構築しており，収益は基本的に管理資産ごとに一定料率の手数料を徴収する形態となっている。日本でも野村證券と合弁会社を設立する等，金融領域における数少ない成長市場として，今後このような富裕層ビジネスが国内でより広まっていく可能性は高いと思われる。

（4）個人マス層注力型

① コンセプト

　個人マス層向けの，消費者ローン等の根強いニーズとボリュームのある領域に注力し，金利収益での成長を追求する類型である。

② 実現のポイント

　実現のポイントとしては，実店舗は廃止してしまい，実質的にデジタルバンクへ転換することが考えられる。具体的には，預金・為替業務は原則オンラインで受け付け，他行より高い金利で調達した預金を原資に消費者ローンを全国へ提供していくのである。

　その場合，法人部門が丸々余剰となってしまうものの，部門ごと他行（地域トップ行や異業種を想定）に売却するとともに，余剰となる個人営業担当はコンタクトセンター等に再配置し，新規採用の縮減等による自然減により規模を縮小していく，といった施策が考えられる。

③　事　　例

　本類型の参考事例として，オリックス銀行を紹介したい。自主廃業した山一証券の信託子会社を譲り受ける形でオリックスグループに入った同行では，法人向け貸出金の割合は全体の1割にも満たず，大半を個人向けローンに絞っている。また，個人向けローンも，通常の住宅ローンではなく，賃貸を目的として不動産を購入する顧客向けの投資用不動産ローンに特化した事業展開を行っている。長年培ってきた不動産領域へのノウハウと，不動産会社との太いパイプを強みとして，今では貸出金全体の8～9割を同ローンが占めている。原資となる預金はインターネットや電話を中心に受け付け，店舗網・ATMネットワークをあえて持たないことでコストを抑え，高水準の金利を提供している。

第6節　看板維持型フルバンクとは

（1）コンセプト・ビジネスモデル

　最後に紹介する「看板維持型フルバンク」は，同業大手または異業種企業の傘下に入り，その経営判断やグループ内の共通化機能を頼りに，行名とフルバンクを維持するビジネスモデルである。

①　対顧客ビジネス

　本モデルは，他社に経営の舵取りを委ねつつ，当該企業の共通化機能を利用して徹底的にコストダウンし，貸出や預金の金利等で競争優位を保つことで，辛うじて行名・フルバンク・顧客基盤を維持することができるものである。

　必然的に，商品ラインナップは他社に依存するため，地域課題に寄り添ったサービス提供は困難となり，プロダクトアウト型の営業になっていく。

②　行内体制

　行内の体制としては，他社から提供を受ける機能への共通化により，営業店や本部の業務が抜本的に効率化され，人員削減やグループ会社の再編が進行する。また，企画業務に関する機能や権限がなくなり，実質的に執行部隊のみに変わっていく。以下，具体的な体制の姿を紹介していきたい。

　まず本部では，傘下入りした親会社の統括のもと，企画機能や権限は自社になくなり，必要最小人数に削減された執行部隊のみになる。次に，営業店は，親会社に提供される商品ラインナップやITインフラに基づく画一化されたプロダクトアウト型の営業になり，店舗自体も統廃合を余儀なくされる。他方，子会社・センターは，業務が重複する親会社のグループ企業・センターに集約・統合されていくであろう。

　オペレーションについては，親会社の既存ソリューションを用いた業務の統一化により，業務の大宗が効率化され，本部人員の削減・再配置が進行していく。また，親会社が使用・開発したIT・データインフラを共同利用するため，

図表3-6-1　看板維持型フルバンクでの行内体制

本部	■傘下入りした親会社の統括のもと，企画機能・権限は自社になくなり，必要最小人数に削減された執行部隊のみに
営業店	■親会社に提供される商品ラインナップやITインフラに基づく，画一化されたプロダクトアウトな営業に
子会社センター	■子会社・センターともに，業務が重複する親会社のグループ企業・センターに集約・統合される

オペレーション	■親会社の既存ソリューションを用いた業務の統一化により，業務の太宗が効率化され，(本部)人員の削減・再配置が進行
IT・データ	■親会社が使用／開発したIT・データインフラを共同利用し，システムコストが大幅に削減される一方，開発の自由度は低下

システムコストが大幅に削減される一方で，開発の自由度は低下することとなる。

③　スキーム

　「看板維持型フルバンク」では，同業大手ないし異業種の資本を受け入れ，その傘下に入ることを想定している。

　1つ目のパターンは，大手地銀グループの一角として，当該地銀のITインフラ等の提供を受け，機能を共通化しつつグループの経営戦略を遂行していくものである。2つ目のパターンは，異業種が形成する地銀連合の一角として，銀行向けパッケージの提供を受け，機能を共通化しつつグループの経営戦略を

図表3-6-2 看板維持型フルバンクの資本関係

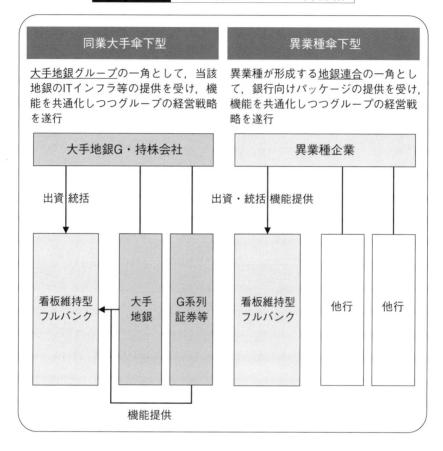

遂行していくものである。親会社の属性に違いはあるものの，企画機能・権限が自社になくなる，という点では共通している。

（2）本モデルに至る背景

最後に，本モデルは，DXに乗り遅れた等の理由から選ばざるを得なくなる消極的な選択肢と筆者らは考えている。

例えば，足元の業績が相当程度悪化している一方，抜本的なコスト削減策に

着手できておらず，コスト構造見直しのメドが立っていない銀行や，（当面は問題がなくても）今後，行内外でのDX化の波に乗り遅れ，預貸偏重のビジネスモデルから脱却するための経営変革を進められなくなる銀行等が，このモデルに陥るものと思われる。

　具体名は差し控えるが，本モデルに類似する事例が実際に世に出始めていることは確かである。もし今後も独立経営を展望するのであれば，できる限り早くからDXへの手を打つことが望ましい。

◆コラム：デジタルバンクのビジネスモデルをどう捉えるべきか？――

　本コラムでは，デジタルバンクについての考え方を紹介する。近年，国内ではふくおかフィナンシャルグループ（FFG）のみんなの銀行開業やきらぼし銀行のデジタルバンク設立が先行事例として存在し，地銀の多くのマネジメントの方々と議論している中でも，「デジタルバンク」についてはどのようにしていくか，という話は必ずといってよいほど上がる。デジタルバンクのビジネスモデル，支える体制，システムの観点から述べる。

（1）デジタルバンクとは

　そもそもデジタルバンクとは何だろうか。従来のネット銀行と何が違うのかという観点でまずはお伝えできればと思う。従来のネット銀行・既存銀行のインターネットバンキングは，金融商品のチャネルを「対面（店舗）」から「インターネット」に移してコストを抑制することが主眼に置かれているビジネスモデルであり，銀行の商品を低コストで販売するというプロダクトアウトの思想には変わりはない。一方で，デジタルバンクとは，既存の「対面銀行をインターネット上に作る」という発想ではなく，デジタルネイティブなアプローチで1から銀行サービスを再構築し，顧客ニーズに合わせてUI/UXを継続的に磨いていくビジネスモデルであり，マーケットインの発想のもと展開されるものなのである。

　デジタルバンクを議論する際に重要なのは，ビジネスモデル（どのように儲けるか），体制（顧客ニーズに素早く対応する体制をどのように構築するか），システム（どのようなシステム構成にするか）の3点が重要になる。

（2）デジタルバンクのビジネスモデル

　デジタルバンクにおいては，今までリーチできていない顧客に対する金融サービス提供の拡大が収益の柱である。もちろん，非金融サービスの提供も視野には入ってくるものの，収益の柱はやはり金融サービスであると考えられる。これを実現するためには，「裏方化」「プラットフォーマー化」「外販」の3つがポイントとなる。

| 図表3-C-1 | 従来のネット銀行とデジタルバンクの違い |

		従来のネット銀行 （既存銀行のインターネットバンキングを含む）	デジタルバンク
コンセプト		■コスト削減のため，金融商品のチャネルを「対面（店舗）」から「インターネット」に移す（ネット専業銀行も同様）	■デジタルネイティブなアプローチで銀行サービスを再構築するとともに，顧客ニーズに合わせてUI/UXを継続的に磨いていく
ビジネス		■プロダクトアウト	■マーケットイン
	UI/UX	■利便性が低い	■利便性が高い（オンライン完結等）
	商品性	■顧客ニーズに必ずしも合っていないことがある	■顧客ニーズに合うようにアップデートされている
支える態勢	IT	■顧客ニーズの変化に対して実装のスピードが遅い	■アジリティを備え，ニーズに即座に対応・実装
	体制	■プロジェクト単位，ウォーターフォール型	■プロダクト単位，アジャイル型
	システム	■既存の勘定系ベース。堅牢なるも保守コスト大	■マイクロサービス/APIにより機能拡充が容易
	データ	■顧客データを利活用できていない	■データをパーソナライゼーションやUI/UX改善に活用
	組織・人材	■失敗による減点を恐れ，チャレンジしない	■チャレンジしないことによる機会逸失を恐れる

　「裏方化」とは，顧客接点を握る他社のサービス提供において，その顧客体験に組み込まれる形で裏方として金融サービスを提供（Invisible Bank）し，他社のサービスからシームレスに間口を広げることで，他社の顧客を新規顧客として取り込むことである。近年ではよく話に上がるエンベデッド・ファイナンスや食べログの中にGoogle Mapが埋め込まれているのが裏方化のわかりやすい例である。

　「プラットフォーマー化」とは，自行にないサービスを持つ他社との提携も視野に入れつつ，自社プラットフォーム上で非金融サービスを充実させ新規顧客として取り込む。さらに，顧客のニーズ・反応を見ながらUI/UXを継続的

に改善することでファンを作り，囲い込んでいく。

「外販」とは，金融・非金融サービスの提供を行いたい他社・他行に対し，アセット販売により収益化することである。「裏方化」×「プラットフォーマー化」により自社サービスの独自性を高め，市場の中の地位を確立したうえで，サービス提供のノウハウをアセット化し，再利用できる形で外販していく。

図表3-C-2　デジタルバンクの3つのポイント

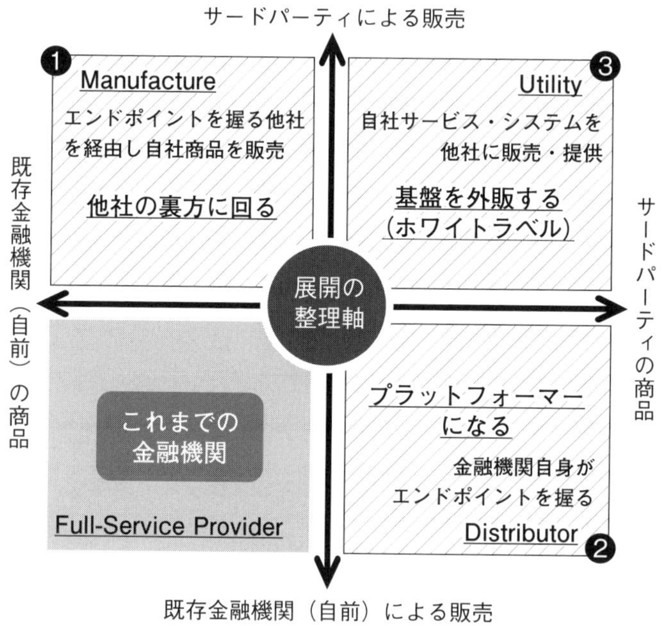

サードパーティによる販売

❶ **Manufacture**
エンドポイントを握る他社を経由し自社商品を販売

<u>他社の裏方に回る</u>

❸ **Utility**
自社サービス・システムを他社に販売・提供

<u>基盤を外販する</u>
（ホワイトラベル）

既存金融機関（自前）の商品

展開の整理軸

サードパーティの商品

これまでの
金融機関

プラットフォーマーになる

金融機関自身が
エンドポイントを握る

<u>Full-Service Provider</u>

<u>Distributor</u> ❷

既存金融機関（自前）による販売

ただ，デジタルバンクを検討する際に，「どのようなデジタルバンクを作るか」というHowの議論に終始する傾向があるが，「どのようなサービスを提供するのか」というWhatの議論からすることが重要である。例えば，国内のデジタルバンクを見ると，FFGのみんなの銀行は，デジタルネイティブ向けに個人向けローンを主軸とし，UI/UXを研ぎ澄まし，単体での収益を目指している。一方，きらぼし銀行は，資産形成層からシニア層をターゲットとし，幅広いサービスラインナップを構えて既存顧客のデジタルバンクへの移行と預金

調達を目指しているように見える。

　また，収益化よりまずは集客することが大事であることも忘れてはならない。まず，当該のデジタルバンクのファンになってもらったうえで，その顧客にさまざまな商品を販売することで収益化していくので，収益化には少し時間がかかってしまう側面がある。

（3）デジタルバンクを支える体制

　前項で説明したように，デジタルバンクにおいて顧客を囲い込むためには，常に顧客ニーズに合わせて，素早くサービスラインナップやUI/UXを改善し続けることで顧客を囲い込むことが重要なポイントとなる。

　それを実現するためには，社内体制として，アジリティを備えかつ継続的に機能改善を図れる組織・プロセスの構築が必要となる。要するに，「プロダクト型」デリバリーの実施が不可欠であるということである。

　具体的には，プロダクト単位でチームを組成し，企画からサービスリリースに必要な機能をワンチームに集約し，そのチームに権限を委譲しスピーディーな対応を実施する。そして，従来のウォーターフォール型のような一方向のプロセスでなく，End to Endで継続的にフィードバックを取り入れ改善し続けるアジャイルプロセスを活用するのである。

（4）デジタルバンクを実現するシステム

①　システムアーキテクチャの変遷

　先進行のシステムでは，SOA型からマイクロサービス型へ，アーキテクチャの移行が進んでいる。2000年初頭から徐々に台頭してきたSOA（Service Oriented Architecture）は，勘定系とチャネル層システムの間にあるサービス同士のデータのやり取りを，ESB（Enterprise Service Bus）と呼ばれる統一化したIF（インターフェース）を媒介して行う。この統一化されたIFには，いくつもあるサービス群のN：N接続で生じるシステム上の複雑な作業を吸収するメリットがある。しかし，長期にわたる大小さまざまな仕様変更の積み重ねは，ESBが担うプロトコル変換やメッセージ変換，セキュリティや高負荷時の制御といった非機能要件機能部分を複雑化させ，ESB自体を重厚長大でモノ

リシックなものとしてしまう。もともとSOAのアーキテクチャ思想は，比較的大規模な，互いに独立していないモジュール型のサービスアーキテクチャであり，サービス間でリソースを共有する設計となっているので，上述した仕様変更の積み重ねも相まって，システムのモノリシック化に一層拍車をかけていると思われる。このようなサービス同士の蜜結合な状態が続けば，あるESBに関連するサービスで問題が発生すると，同じESBに接続されたほかのサービスも影響を受けてしまうこととなる。また，サービスごとに切り離した開発や機能テストも難しくなる。つまり，仕様変更の要求への柔軟な対応が難しい，ということになる。

　一方，SOAの進化系と位置づけられるマイクロサービスアーキテクチャは，サービスがさらに小さな単位に細分化され，リソースを極力共有せず，互いのサービスが独立して機能する。このサービス同士の独立（＝疎結合化）により，多くのメリットが生まれる。例えば，アプリケーションのあるサービスが障害を引き起こしても，すみやかに該当箇所を隔離させ，アプリケーションを引き続き機能させることができる。同時に，他のサービスを止めることなく，該当サービスだけを修正・テストすることができる。マイクロサービスが持つこれらの疎結合性は，変化に強いシステム，つまり，日々移り変わる市場ニーズの変化や，急な仕様変更要求にも，迅速かつ柔軟に対応できるシステムの実現を可能とするのである。

② 勘定系の分類
　DXが進んでいる海外の先進行では，勘定系システムも新しいアーキテクチャへの移行が進んでいる。そのタイプは3つの世代に分類できる。
　(a) 第1世代：レガシー型
　　　プロプライエタリ，またはクローズド・プラットフォームで稼働するワンストップソリューション。主にメインフレームで稼働する。実装は複雑となり，運用保守コストが高い。複数年のライセンスベースモデル。
　(b) 第2世代：サービス指向アーキテクチャ（SOA）型
　　　サービスごとの設計・開発と連携により，第1世代よりも仕様変更や機能追加への柔軟性はあるものの，サービスの粒度が大規模となりやすく，リ

ソースを共有するため，マイクロサービスほどの疎結合性は持たない。

(c)　第3世代：クラウド型

APIを備えたマイクロサービスアーキテクチャをベースとし，仕様変更や機能追加に柔軟に対応。リアルタイム処理をサポート。Pay Per Userのサブスクリプションモデル。

近年，デジタル化が進む銀行では，デジタルバンクにみられる金融機関の既存システムとは独立した第2ブランドの立上げの際，第3世代のクラウド型勘定系システムを検討，採用するケースが増えてきている。MAMBUやThought Machine，Finxactなどに代表されるSaaS型勘定系サービスは，機能は限定的だが，素早く廉価に導入できるため，軽量勘定系ともいうべき新しいジャンルに位置づけられる。預金や融資，送金といった勘定系に必要なコア機能に絞り込まれるものの，その代わりに廉価で軽く，追加で必要な機能はAPIを通じて外部から取り込むことができるといった特徴を持っている。

③　アーキテクチャ方式と勘定系世代の組み合わせによる，3つの類型と特徴

ここまで説明してきたアーキテクチャ方式と勘定系世代の組み合わせは3つのシステム類型となり，それぞれの特徴は以下のようになる。

(a)　類型Ⅰ：SOAアーキテクチャ × 第2世代勘定系

第2世代の既存勘定系と，ESBを連携するモデル。サービス同士が蜜結合となるため，高度な変更が必要な際，勘定系の変更が必要となり，ここがボトルネックになりやすい。また，アーキテクチャの特性上，新しいデジタルテクノロジーを取り入れにくい。

(b)　類型Ⅱ：マイクロサービスアーキテクチャ × 第2世代勘定系

第2世代の既存の勘定系を活かしながら，マイクロサービスを取り入れたSoE基盤と連携するモデル。初期のSoE層の構築コストが必要となるが，類型Ⅰと比較し，一定の変更や開発要件に対し，素早い対応ができる。しかし，高度変更が必要な際は，勘定系仕様の理解と，勘定系連携部分のAPI開発などが必要となる。

(c)　類型Ⅲ：マイクロサービスアーキテクチャ × 第3世代勘定系

勘定系自体もモダナイズし，マイクロサービスを取り入れたSoE基盤と連携するモデル。類型Ⅱと同様に，初期のSoE層の構築コストは必要だが，一定の変更や開発要件に対し，素早い対応ができる。高度な変更要求であっても，勘定系がオープン化されているため，SoE層の変更で対応できる。サービス同士が疎結合なので，勘定系にSoEが引っ張られることがない。

ここで，上記で整理した3つの類型と，各類型に適用できるビジネスモデルについて触れておきたい。

例えば先進行のデジタルバンクの事例では，類型Ⅲを選択するケースが多くみられる。その大きな理由は，既存の勘定系と別に軽量な勘定系を構築できれば，既存勘定系の仕組みに足を引っ張られずに，新たなサービスをゼロベースで検討・開発できるからである。新しいサービスを展開しようとするたびに，必要な機能をその都度，コストと時間をかけて勘定系から外部に出してもらうという前提では，サービスをスピーディーに開発し，展開することは難しいためである。

また，デジタルバンクならではのビジネスモデルとして，銀行機能を他社へ供給するBaaS（Banking as a Service）の展開がある。BaaSは，構築した金融サービスをAPIを介して非金融事業者に供給し，外部の企業が自社ブランドで銀行サービスを実現するものであり，このようなサービスは類型Ⅲのような，疎結合アーキテクチャだからこそ実現しやすいサービスといえる。

しかし，デジタルバンクの実現に向けては，類型Ⅲを準備・構築するためのアプローチや採用するソリューションにもよるが，SoE基盤や新勘定系の構築・導入・運用の初期投資に，100億円以上の費用かかるケースがあるともいわれており，かつ，業務オペレーションのリデザインも必要となるため，実現へのハードルは決して低くはない。したがって，デジタルバンクによって何を実現したいのか，どこで戦うのか，デジタルバンクでなければ実現できないのかを，類型Ⅲの必然性と併せ，その見極めが重要になってくる。

一方で，類型Ⅱを使ったビジネスモデルとして，法人向けプラットフォームやインターネット／モバイルバンキングなどの，非対面オンラインサービスの

強化／統合／刷新への適用などが考えられる。類型Ⅱは，基本的に既存勘定系をそのまま利用するため，銀行機能を外部に出すためのAPIが一定揃っていれば，主にSoE基盤にかかる投資で済み，コストを比較的抑えることができる。BaaSなどの新規ビジネスを求めないのであれば，類型Ⅱによる投資コストを抑えたアプローチをまず模索することは，むしろ現実路線のDXであると捉えることもできる。

④　Deloitte Alpha Platform

　デロイト トーマツ コンサルティングは，類型Ⅱ・Ⅲに適応する，『Alpha Platform』と呼ばれるSoE基盤をアセット化している。本来，SoE基盤やAPI基盤のようなテクノロジープラットフォームは，そう簡単に構築できるものではなく，さまざまな試行錯誤と実績を通じて，長い年月を必要とするが，筆者らが多くの時間をかけてこれまでのグローバルの支援実績を集結したアセットが，Alpha Platformである。通常，数年かけてノウハウを蓄積しなければならないテクノロジープラットフォームの構築を，圧倒的に短縮する手段になりうるAlpha Platformをご紹介する。

(a)　Alpha Platformの特徴

　Alpha Platformの特徴は大きく３つある（**図表３-C-３**）。

　１つ目の特徴は，「Not build, Assemble」，つまり，ゼロから自前で作らないというコンセプトにある。できるだけ開発せず，SaaSなどの外部ソリューションとAPIでつながり，必要な機能を組み立てていく。必要なソリューションをAPIでつなぎ，ここから取得したデータをAlpha Platformのマイクロサービスで統合し，お客様に新しいサービスを提供していく。

　２つ目の特徴は，「Asset Based」。デロイト トーマツ コンサルティングがこれまで構築してきた機能をアセット化しているため，口座開設やカード管理，融資審査といったビジネスユースケース単位の業務機能が，ビジネスアプリケーションとして一律揃っているため，お客様は競争機能，あるいは差別化機能の準備に注力することができる。

　そして，最後の特徴は「Scale Fast」。Alpha Platformはコンテナ基盤によ

るマイクロサービス・APIで構成されており，連携するサービスは基本的に
SaaSソリューションのため，自在なスケールが可能となる。サービスの顧客
数，あるいはトランザクションの量に応じて，柔軟に可変可能なアーキテク
チャとなっている。

図表3-C-3 Alpha Platformのコンセプトと主な特徴

顧客 チャネル	エコシステム パートナー	ペイメント	ローン
Web モバイル(iOS) チャットボット &ライブチャット ソーシャル メディア コンタクト センター	FinTechs 金融事業者 非金融事業者	MARQETA TransferWise	ncino CLOUD LENDING ezbob

**Not build,
Assemble**

■ゼロから自前で作らない
■3rd party ソリューションのつなぎ合わせで開発できる

Alpha Platform

接続する機能	API	aws
データ処理する機能	マイクロサービス	Azure
管理する機能	DevOps基盤	Google Cloud

Asset Based

■デロイト トーマツ コンサルティングがこれまで構築してきた機能をアセット化
■標準機能に時間をかけず，競争機能の開発に注力できる

顧客管理	アナリティクス	リスク／コンプライアンス	コアバンキング
salesforce Microsoft Dynamics 365 Adobe Marketing Cloud	personetics meniga STRANDS eWise	onfido JUMIO experian CredoLab ORACLE	既存 勘定系 TEMENOS 10x MAMBU Finxact Thought Machine

Scale Fast

■SaaSソリューションの組み合わせ，コアとなるAPIとマイクロサービスのコンテナ化により，ビジネス規模に応じた柔軟な拡張が可能

　もう少し細かく見ていくと，Alpha Platformは，プラットフォームと業務サービスの大きく2つの要素から構成されている（**図表3-C-4**）。プラットフォームは基本的にコンテナで構成されているので，要求に応じたスケーリングを可能とし，DevOps開発に最適な基盤ともなっている。コンテナ基盤の上には，実績のあるミドルウェア群が搭載しており，実際のテクノロジープラットフォームの構築では，これらのプロダクトの目利きが非常に重要になるが，Alpha Platformでは要件に応じて素早く利用することができる。一方の業務サービスは，ビジネスユースケース単位で実装された口座開設やカード管理などのサービスがプリセットされているため，ゼロスクラッチ開発の必要がない。業務要件に応じてさらなるカスタマイズや，新規の実装要件があれば，新たに開発を行うか，主要なSaaSやプロダクトと接続し，機能を取り込むというアプローチとなる。

(b)　Alpha Platform コンセプト動画

　Alpha Platformとは何か？　をよりわかりやすく理解いただくため，コンセプト動画を用意しているので，是非ご覧いただきたい。Alpha Platformを利用した事例も交え，Alpha Platformをどのようなビジネス領域で適用できるのか，ご理解いただけると思う。

> https://vimeo.com/512742692
> パスワード：alpha2021

(c)　Alpha Platformの活用事例

　最後に，Alpha Platformを活用したオーストラリアの銀行の事例をご紹介したい。この銀行は，Alpha Platformと類型Ⅲ（第3世代型）SaaS型勘定系サービスをつなぎ，約1年でデジタルバンクを開業した。レガシーな母体行を持つこちらの新しい銀行は，この環境下において生き残れる銀行とは何か？を徹底的に議論し，マーケットプレイス型バンクという1つの仮説を出し，新たなデジタルブランドの銀行を立ち上げた。多様なプレーヤーとエコシステムを形成し，多様なプレーヤーを通じて得た情報を，自分たちのデータ集約基盤

図表3-C-4 Alpha Platformのアーキテクチャ概要

プラットフォーム（基盤）
業務サービス（アプリケーション）

チャネル

Web/モバイル　行内・営業店　企業システム　外部サービス

さまざまなデバイスやシステムからAPI接続

Alpha Platform

Firewall / Load Balancer

API ゲートウェイ
Kong
MuleSoft
Red Hat

認証認可
ForgeRock

Private Cluster

ビジネスユースケース単位に実装されたマイクロサービス（業務機能）
- 口座開設　融資審査
- カード管理　支払・送金
- …　…

SaaSやプロダクト製品に接続するためのマイクロサービス（接続部品）
- Salesforce　ForgeRock
- nCino　Kong
- …　…

証明書管理・DNSサービスなど

イベント＆インメモリ　kafka　redis

データベース

サービスメッシュ & SDN　Istio　juniper

コンテナ基盤　kubernetes　OPENSHIFT

稼働環境　Google Cloud　aws　Azure　オンプレミス

運用管理 dynatrace DATADOG sumologic fluentd　CI/CL QUAY Buildkite Terraform

行内システム・外部サービスと連携

行内システム
- 勘定系
- 融資・ローン
- 外貨サービス　etc

外部サービス
- SaaS
- 外部提携サービス
- SNS/メディア　etc

プラットフォーム
- K8SやOpenShiftをコア機能としたコンテナ環境
- 過去のデリバリの実績ベースで積み上げたプロダクト群で構成
- お客様環境に応じてプロダクトを組み合わせ，早期立上げを実現

業務サービス
- 各SaaSサービスやプロダクト機能を組み込こんだ標準的な業務機能についてはリファレンスとして実装済み
- 業務要件に応じてカスタマイズや新規実装を行いサービス開発を実現

へ蓄積し，そこからさらに付加価値を付与して周りのプレーヤーへ還元していくモデルである。実現に向け，他のプレーヤーとつながりやすく，運用コストが抑えられるテクノロジー・プラットフォームを探していたが，Alpha PlatformとSaaS型勘定系サービスと組み合わせることで，約1年でサービスを立ち上げることができた。

　サービスの立上げ当初は，預金，クレジットなど，小さな機能だけでリリースを開始したが，機能拡張しやすいAlpha Platformの特性を徹底的に活かし，順次，ローンやPFM，マーケットプレイス機能といったサービスを搭載，次々とその商品ラインナップを拡充している。並行して，エコシステムの形成も広がっており，エコシステムプレーヤーの顧客基盤も取り込みながら，利用者を拡大している。

第4章

今地銀は
何を備えるべきか

　地銀を取り巻く環境や地銀の目指すビジネスモデルについて言及してきたが，目指すべきビジネスモデルの実現に向けては，経営の考え方を変えること，真の意味でのDXを成し遂げる必要がある。地銀にとってどのように経営を考えていくべきなのか，地銀にとってのDXとは何で，今何をするべきかについて考察する。

第1節　新たな経営の考え方は

　地銀は，規制産業として守られていたこともあり，今までは数値計画中心の3年間中期経営計画を策定し，その達成にコミットすることで成長を続けてきた。ただ，規制緩和の流れや非金融企業の参入等により業界が大きく変容する転換点となっている今，これまでのような3年間という期間を軸とした経営の考え方ではなく，もう少し長期的な目線で経営を考えていく必要がある。その考え方について解説する。

（1）未知に立ち向かうZoom out/Zoom inによる経営

　今まで実施してきた中期経営計画を軸とする経営においては，3年単位での目標設定×単年度計画というサイクルで経営を回してきた。ビジネスモデルの変革が求められる地銀にとって，3年というサイクルでは成果を出すには短すぎるため，目標設定が非常に難しくなる。また，市場の変化が加速する中で3年後の未来を確実に予測すること自体が容易でないという側面も存在する。要するに，地銀は"未知"の領域に対して，長期的な目線を持ってビジネスモデルの変革を目指していく必要があるのである。

　地銀のマネジメントにとって，今までは「"既知"あるいは知ることが可能な領域」においてビジネスを検討・展開していけばよかったものの，今後は「"未知"あるいは"不可知"な領域」に立ち向かう経営の舵取りをすることを求められている。具体的には，「守りの投資から攻めの投資へ」「リスクのマネジメントから不確実性のマネジメントへ」「ビジネスモデルの深化から新たなビジネスモデルの探索へ」「前例を踏襲した改善から拠り所のない決断へ」「ベストプラクティスの模倣が得意な"賢者"の重用からアントレプレナーシップを持つ"勇者"の重用へ」等が今後の経営におけるキーワードとして考えられる。

　では，「"未知"あるいは"不可知"な領域」に立ち向かうためには，経営をどのように考えていけばよいのであろうか。デロイトが提唱する「Zoom out

/Zoom inによる経営（長期と短期という２つの時間軸での戦略とマネジメント）」という考え方がヒントになる。Zoom out（10年後の将来像を描く）とZoom in（足元の短期的施策を立案・実施する）という概念を反復させ続けるのである。要するに，長期的なビジョンを描きつつ，６か月から12か月単位の将来性の高い足元施策を実施するというサイクルを高回転させ方向性を常に修正していくというものである。加えて，双方向に対してマネジメントがコミットすることも重要である。この２つの時間軸を常に意識し続けることこそが，まさにこの先10年の地銀業界という"未知"な領域での経営にとっては必要なことであると考えている。

　具体的に，"Zoom out"の際には，地銀業界は今から10年後にどうなっているか，今から10年後の地銀業界においてどのような地銀が必要とされているか，

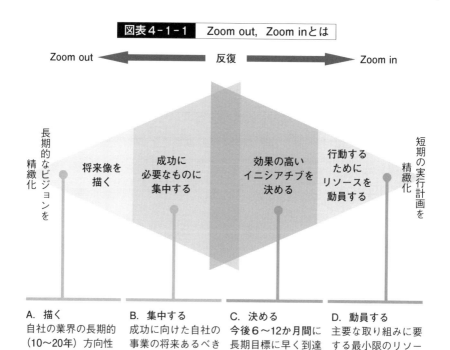

図表4-1-1　Zoom out，Zoom inとは

Zoom out　←　反復　→　Zoom in

長期的なビジョンを精緻化

将来像を描く

成功に必要なものに集中する

効果の高いイニシアチブを決める

行動するためにリソースを動員する

短期の実行計画を精緻化

A．描く
自社の業界の長期的（10〜20年）方向性を共有する考え方を，統合的に作り出す。

B．集中する
成功に向けた自社の事業の将来あるべき姿を決定する。どの市場でどのように勝つかを明確にする。

C．決める
今後６〜12か月間に長期目標に早く到達できそうな，最も将来性の高い取り組みを２〜３件選定する。

D．動員する
主要な取り組みに要する最小限のリソースを確保し，成功の要件を明確に定義する。

（出所：Deloitte Center for the Edge）

自行の重要施策から10年後にどのようなアウトカムが期待できるか，等について検討する。一方で，"Zoom in"の際には，長期的なゴールに向けて自社の戦略を後押ししうるインパクトを有する直近6〜12か月内に実行すべき2〜3のイニシアチブは何か，その2〜3のイニシアチブがインパクトを出すために必要なリソースが（質・量ともに）確保・投下されているか，6〜12か月後に意図したインパクトを達成しているかどうかを測るためのKPI（Key Performance Indicator：経営指標）は何か，等について検討するのである。

（2）経営の考え方のトレンド

　他業界を見てみると，特に不動産業界や受注産業を中心として，中期経営計画を廃止し，長期ビジョンを基軸とした戦略策定を志向する動きが強まっている。企業によっては，長期ビジョンのみを策定する会社と長期ビジョンに加えて短期または中期のローリングプランを立てている企業に分かれている。例えば，不動産業界においては業界トップ2の三菱地所，三井不動産の2社は，ともに10年計画を策定している。三菱地所は，より長期的にサステナブルにステークホルダーに対して価値提供を行うためとして，「長期経営計画2030」という長期計画を策定している。三井不動産は，外部環境が大きく変化する中で長期的な視点に立った戦略を実行していく重要性を感じたとして，「VISION 2025」という長期経営方針を策定している。

　一方，銀行を見てみても，5〜10年の中長期計画を掲げる銀行が出てきている。例えば，みずほ銀行は「5ヵ年経営計画〜次世代金融への転換」，セブン銀行は「中期経営計画（2021-2025年度）」を策定している。また，七十七銀行は中期経営計画の代わりに，現状の延長線上にない七十七グループを目指すべく「Vision 2030」という長期計画を策定している。そこでは，「地域社会の繁栄のため，最良のソリューションで感動と信頼を積み重ね，ステークホルダーとともに，宮城・東北から活躍のフィールドを切り拓いていくリーディングカンパニーを目指す」としている。このように，地銀が今の延長線上でビジネスを考えるのでなく，本気でビジネスモデルを変革していく（例えば，真の意味での地域のプラットフォーマーを目指す，等）のであれば，長期的な目線で経

営計画を考えていく必要があるのではないかと考える。

（3）経営戦略の考え方とは

　経営戦略を検討する際，デロイト トーマツ コンサルティングでは，Strategic Choice Cascadeと呼ばれるフレームワークを用いている。このフレームワークでは，経営戦略を検討する際には，「5つの構成要素を漏れなく検討すべき」「各構成要素を検討する際には，相互に連関させながら検討すべき」と説いている。

　5つの構成要素とは，①Goal & Aspiration（目指す将来像），②Where to Play（どこで戦うか），③How to Win（どのように勝つか），④必要な組織能力の獲得，⑤必要な経営システム・体制の構築，の5つである。

　1つ目の「Goal & Aspiration（目指す将来像）」とは，定性的な目標と定量的な目標，その達成タイミングの3つに分かれる。定性的な目標とは，いわゆるMVV（ミッション，ビジョン，バリュー）等がそれに当たる。定量的な目標とは，売上，収益性，利益等になる。例えば，銀行では，当期純利益，ROA（Return On Assets：総資産利益率），ROE（Return On Equity：自己資本利益率），OHR等を計数目標として設定されることが多い。

　2つ目の「Where to Play（どこで戦うか）」とは，どの領域を主戦場とするか，である。戦う領域とは，国・地域，商品，バリューチェーン，顧客セグメント等の掛け算によって定義される。一般的な用語でいえば，セグメンテーションとターゲティングに当たる。

　3つ目の「How to Win（どのように勝つか）」とは，上記で定義した戦う領域（Where to Play）において，他行・他社に対する自社のポジショニングはどこにするか，そのポジションにおける自社のバリュープロポジション（差別化要素）は何かを定義することである。地銀業界は差別化しにくい業界ではあるが，商品・コスト・領域での差別化だけではなく，ビジネスモデルやエコシステム・パートナーシップを活用した差別化等も検討していく必要がある。また，コストを極限まで下げるということも各金融機関が検討していることであるが，OHRがビジネスのKSF（Key Success Factor：主要成功要因）の1つ

になりうる場合は，そのような話もHow to Winの中に入ってくるのである。

　4つ目の「必要な組織能力の獲得」とは，戦略（Where to Play, How to Win）を実行するにあたっての必要な組織能力のことである。いくら"美しい"戦略があったとしてもそれを組織として実行できなければ，まさに絵に描いた餅になってしまうのである。ここでは戦略実行に際してリソースをどこにどれだけ投下するかということ，そのリソース投下プランが実現性あるものであることが重要である。リソースが社内にない場合は，社外からのM&A等での調達も含めて検討する必要がある。

　5つ目の「必要な経営システム・体制の構築」とは，必要な組織のケイパビリティを支えるものである。具体的には，オペレーション，IT，組織，人材，カルチャー，間接部門等がそれに当たる。組織が戦略（Where to Play, How to Win）を実行するにあたっての基盤をしっかり構築することが重要ということである。縁の下の力持ちのようであるが，Goal & Aspirationを達成するうえでのすべての礎になっているのである。

　漏れなく検討すべき5つの構成要素については上記で説明したが，加えて「各構成要素を検討する際には，相互に連関させながら検討すべき」について説明する。実は，5つの構成要素それぞれ以上に重要な部分なのである。本フレームワークはStrategic Choice Cascadeと呼んでいるが，その「Cascade」とは何段も連なった小さな滝のことであり，転じて連鎖的あるいは段階的に物事が生じる様子を示す単語である。

　5つの構成要素を検討する際，ボトムアップで検討するのでなくトップダウンで1つ目から5つ目まで順に検討していくことが重要である（**図表4-1-2**での上から下への矢印）。さらに，トップダウンでの検討をボトムアップの観点で都度実現性を検証し，検討をブラッシュアップしていくことが重要である。（**図表4-1-2**での下から上への矢印）。例えば，将来像を定義し戦う領域を決めた後に，勝ち筋を検討したものの勝ち筋が見出せなかった場合は，もう一度戦う領域を再検討することが必要であり，ひいては将来像の再定義もしなければならない。また，市場の中においてはいくら"筋のよい"勝ち筋であったとしても，組織のリソースに鑑みてそれが実現できないのであれば（外部調達をしたとしても），その勝ち筋はその企業にとって筋のよい勝ち筋ではないので，

図表4-1-2　Strategic Choice Cascade

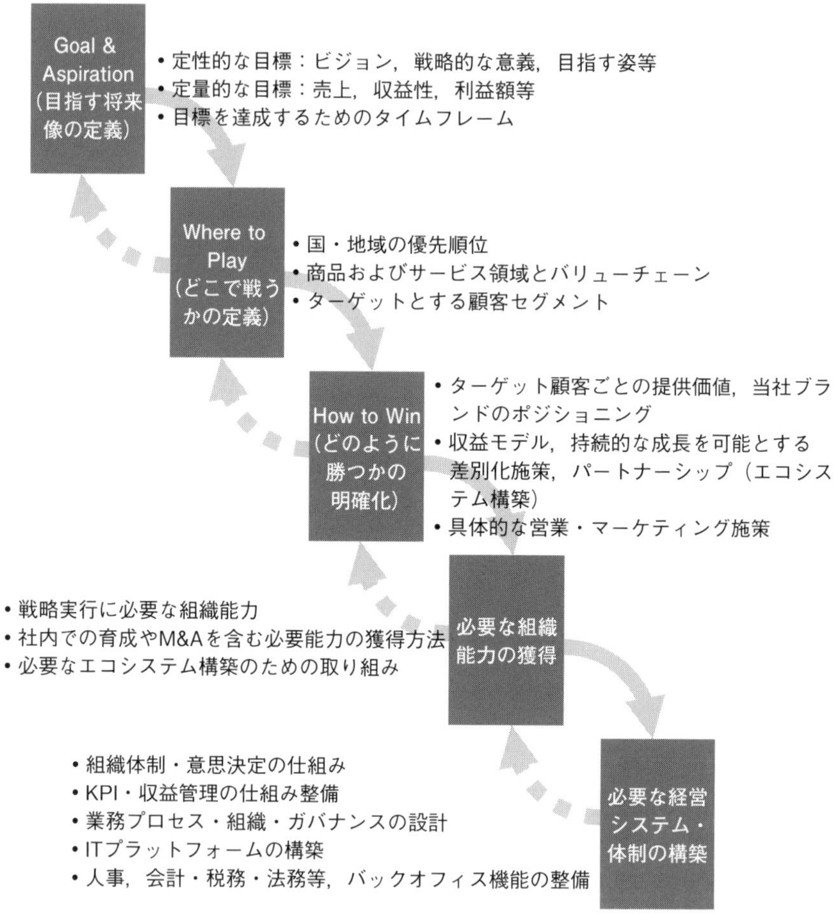

Goal & Aspiration（目指す将来像の定義）
- 定性的な目標：ビジョン，戦略的な意義，目指す姿等
- 定量的な目標：売上，収益性，利益額等
- 目標を達成するためのタイムフレーム

Where to Play（どこで戦うかの定義）
- 国・地域の優先順位
- 商品およびサービス領域とバリューチェーン
- ターゲットとする顧客セグメント

How to Win（どのように勝つかの明確化）
- ターゲット顧客ごとの提供価値，当社ブランドのポジショニング
- 収益モデル，持続的な成長を可能とする差別化施策，パートナーシップ（エコシステム構築）
- 具体的な営業・マーケティング施策

必要な組織能力の獲得
- 戦略実行に必要な組織能力
- 社内での育成やM&Aを含む必要能力の獲得方法
- 必要なエコシステム構築のための取り組み

必要な経営システム・体制の構築
- 組織体制・意思決定の仕組み
- KPI・収益管理の仕組み整備
- 業務プロセス・組織・ガバナンスの設計
- ITプラットフォームの構築
- 人事，会計・税務・法務等，バックオフィス機能の整備

再考すべきである。要するに，Amazonのようなプラットフォーマーになるというのは"筋のよい"勝ち筋ではあるが，すべての企業がそのビジネスモデルをとれるわけではない。企業にとって，実現可能な勝ち筋こそがその企業にとっての筋のよい勝ち筋にほかならないのである。

　上記経営戦略の考え方を踏まえ，10年の長期戦略を立てる際に重要なのは，シナリオプランニングという考え方である。特に，「Goal & Aspiration」「Where to Play」を考えるうえで非常に重要となってくる。長期戦略を立てる

場合，10年後の世界観をシナリオプランニングを実施して将来起こりうるパターンを想定したうえで戦略を検討する必要がある。従来の将来予測は，現在からの延長的に将来を予測するアプローチであり斬新な気づきが生じにくい傾向にあったが，シナリオ思考における将来予測（シナリオプランニング）は，既存知識に加えて不確定要素をベースに複数のシナリオを構築するアプローチであるため，業界の大きな変化を捉えられたり，実際に変化が起きた場合により最適な決断をすることが可能となる。

　加えて，長期戦略を立てる場合に注意すべきは，上記5つの構成要素ごとに検討の軽重をつけることである。長期戦略を立てる場合には，現状の延長線上にない戦略が求められるので，M&A等でケイパビリティを補完すること等が前提となることが多い。それゆえ，「④必要な組織能力の獲得」「⑤必要な経営システム・体制の構築」の部分の検討は軽めにし，あまり現状のケイパビリティの制約に捉われることなく，「①Goal & Aspiration」「②Where to Play」「③How to Win」を中心にある程度トップダウンで検討していくことが重要である。

第2節 | 地銀が行うべき デジタルトランスフォーメーション (DX)

　これまでのところで，地銀のビジネスモデル変革の必要性，目指すビジネスモデルの方向性，そこに向けての長期的な目線での経営の必要性についてお伝えしてきた。ここでは，地銀が足元何をすべきか（＝デジタルを活用したビジネストランスフォーメーション）について，具体的に論じる。まず，DXの全体像について示したうえで，ビジネス，オペレーション，IT，データ，組織・人材の5つの観点での具体的な考え方について考察する。

(1) DXとは

① デジタル化 (Digitalization) とDX (Business Transformation with Digital) の違い

　デジタル化，デジタルトランスフォーメーション，DX等さまざまな言葉が地銀業界にも流布しているが，ビジネスモデルの変革につながるDX (Business Transformation with Digital) をできている地銀が実はあまり多くないのではないかと考える。

　そもそも，私たちデロイト トーマツ コンサルティングは，デジタル化 (Digitalization) とDX (Business Transformation with Digital) はまったく違うものとして捉えている。

　デジタル化とは，デジタル技術を活用して「部分的・局所的」にオペレーションやチャネル等を改善することと定義している。つまり，デジタル化を通じて実現する姿は，ビジネスやオペレーションがデジタル技術を活用して部分的に効率化されている，既存のアーキテクチャや散在している行内データを前提に一部ソリューションやツールを導入している，プロジェクトに関与した行員のみがデジタル人材化され「上を見て動く文化」の変化には至っていないといった，既存業務をベースにデジタルを活用して少しの改善が図られたレベルである。また，収益・コストの改善といった経営へのインパクトも小さくとどまってしまう。デジタル化の進め方については，ソリューションドリブン，現

場主導，各部レベルの取り組み規模といった特徴がある。

　一方で，DX（Business Transformation with Digital）とは，デジタル技術を活用して全行的・抜本的にビジネスモデルを含めた変革を行い，ビジネスにおける競争上の優位性の確立を狙うことと定義している。それゆえに，デロイト トーマツ コンサルティングでは，ビジネス変革が主，デジタルは従で変革を実現するイネーブラーであるという考えのもと，DXではなくdXと表現している。DXを通じて実現する姿は，ビジネスやオペレーションがデジタル技術を活用して抜本的な改革が起きている，最新技術を活用したアーキテクチャになっており行内外データが集約され活用が実現している，デジタル人材が溢れ自発的にイノベーションが起きており「失敗を許容する文化」が根づいているといった，ビジネスや組織自体が変革されるといったレベルである。もちろん，収益・コストの改善といった経営へのインパクトも大きいものとなる。DXの進め方については，顧客起点・イシュードリブン，経営層主導，全行規模と

図表4-2-1　デジタル化とdXの違い

		デジタル化（Digitalization）	DX (Business Transformation with Digital)
概要		■デジタル技術を活用し，部分的・局所的にオペレーションやチャネル等を改善すること	■デジタル技術を活用し，全行的・抜本的にビジネスモデルを含めた変革を行い，ビジネスにおける競争上の優位性の確立を狙うこと
改革の手法	思考法	■ソリューションドリブン	■顧客起点・イシュードリブン
	推進方法	■現場主導のボトムアップ	■経営層主導のトップダウン
	推進主体	■一部のデジタル人材がベンダーに依存しつつ進める	■将来の内製化を見据えて，行内のデジタル人材が主導して進める
	取り組み規模	■各部レベル	■全行規模
インパクト		■経営へのインパクト小 ■投資・期間：数千万円〜数十億円・1〜2年程度	■経営へのインパクト大 ⇒収益，OHR ■投資・期間：数十億円〜数百億円・2〜3年程度

いった特徴がある。投資金額や投資規模は大きくなるので，経営層を含め全行的に腹を括った取り組みとして実施していく必要がある。

　上記を踏まえると，地銀は単なるデジタル化ではなく，DXを実施することを通じてビジネスモデルの変革を目指していく必要がある。

②　地銀がすべきDXとは

　DXの必要性と概念についてはお伝えしたが，地銀においてDXを通じて目指す姿とは具体的にどのようなものなのだろうか。デロイト トーマツ コンサルティングでは，Goal & Aspiration，5 Elements，Capabilitiesの3つの観点で整理している。

　「Goal & Aspiration」とは，DXを通じて目指す姿のことを示しており，定量・定性の観点から具体的なゴールが策定されていること，その実現に向けたロードマップが具体的になっていることが求められる。その際に，地銀が中長期的に目指す姿（長期戦略）とDXを通じて目指す姿がアラインしており，それぞれの位置づけが明確になっていることが非常に重要である。地銀によっては，DXが個別施策のボトムアップ的な寄せ集めになっており，DXのゴールや定義が曖昧なまま進めているケースも多くみられるが，DXを通じて目指す姿をトップダウンで策定することは非常に重要なことである。

　5 Elementsとは，地銀がDXを通じての目指す姿（Goal & Aspiration）をビジネス，オペレーション，IT，データ，組織・人材の5つの観点に分解したものであり，ここでは5つそれぞれで目指す姿と検討すべき主要テーマを記載する。ビジネスにおいては，既存事業においては新たな顧客体験をもとに売上増，顧客満足度向上が実現していること，新規事業においては新たな収益の柱になっていることが目指す姿となる。それに向けた検討テーマは，法人におけるプラットフォーム構想，個人における全チャネル横断での顧客体験の再定義，地域×金融による新規ビジネス検討等がある。オペレーションについては，柔軟かつリーンなオペレーション体制が構築され，生産性が高まっていることが目指す姿となる。それに向けた検討テーマは，デジタルを活用した業務改革・コスト削減，保有物件のコスト最適化・収益化等がある。ITについては，安価かつアジリティの高いアーキテクチャ等の最新技術の活用が進み，DXを支

えるIT体制が実現していることが目指す姿となる。それに向けた検討テーマは，アーキテクチャ変革によるモダナイゼーション，インフラ・サービスのクラウド化，ITコスト削減，次世代のIT部門のケイパビリティ構築等がある。データについては，行内外のデータを一元的に集約し，AI等の最新技術を活用して分析が実現していることが目指す姿となる。それに向けた検討テーマは，データレイク構築等のデータ利活用態勢構築等がある。組織・人材については，デジタル・IT人材が十分に育ち，ベンダー依存が解消されている，顧客中心

図表4-2-2　DXを通じて目指す姿

Goal & Aspiration
DXを通じて目指す姿とそのロードマップが
具体的になっている

5 Elements
・Where to Play
・How to Win

①ビジネス

既存事業：新たな顧客体験を基に売上増，
　　　　　顧客満足度向上が実現している
新規事業：新たな収益の柱になっている

②オペレーション

柔軟かつリーンなオペ
レーション体制が構築
され，生産性が高まっ
ている

③IT

安価かつアジリティの高
いアーキ等の最新技術の
活用が進み，DXを支え
るIT体制が実現している

④データ

行内外のデータを一元
的に集約し，AI等の最
新技術を活用して分析
が実現している

⑤組織・人材

デジタル・IT人材が十分に育ち，ベンダー
依存が解消されている
顧客中心思考，失敗を許容する文化，新た
な働き方が定着している

Capabilities
経営が変革にコミットし，
推進主体の下実行管理されている

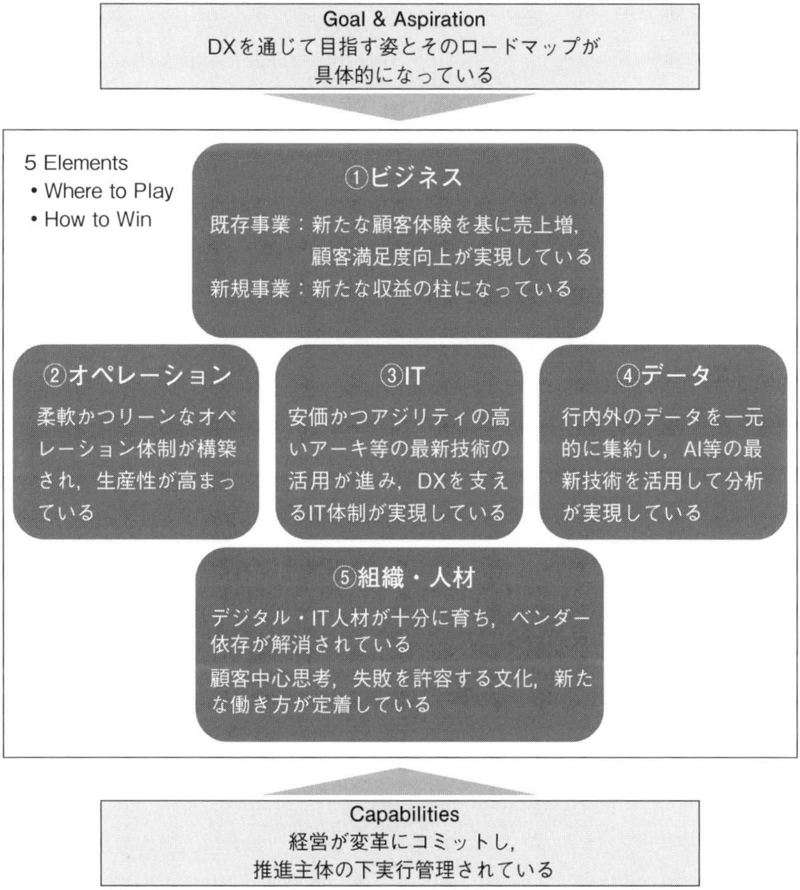

思考, 失敗を許容する文化, 新たな働き方が定着していることが目指す姿となる。それに向けた検討テーマは, デジタル・IT人材の確保・育成, Digital DNAの埋め込みとチェンジマネジメント (行内カルチャー変革), デジタルワークスタイルへの変革等がある。

Capabilitiesとは, 5 Elementsそれぞれの目指す姿を実現するうえでの必要なケイパビリティを示しており, 経営が変革にコミットし推進主体のもと実行管理されていることが求められる。つまり, 経営が変革にコミットしているか, 変革を推進する部門・チームのリソースが十分という観点が重要なのである。

③ DX戦略とは

上記で述べたGoal & Aspiration, 5 Elements, Capabilitiesの3つの観点でビジネスモデル変革に向けてすべきことを取りまとめるとDX戦略となる。その際には, 3つの観点それぞれが相互に連関していることが非常に重要となる。

Goal & Aspirationにおいては, 10年後に目指すビジネスモデルとDX戦略の

図表4-2-3 DX戦略

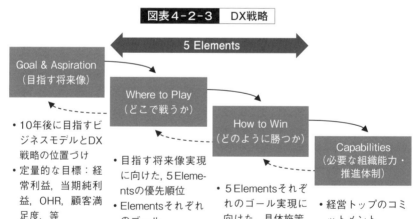

位置づけ，定量・定性目標，ロードマップが記載される。5 Elementsにおいては，5 Elementsそれぞれのゴール，ゴール実現に向けた具体施策，効果，実行スケジュールが記載される。最後に，Capabilitiesにおいては，DX推進体制，施策管理方法等が記載される。

（2）ビジネス領域

①　次世代営業の考え方

　顧客ニーズの変化，デジタル技術の進展，若手が少ないという銀行の人材ポートフォリオにより，属人的かつ人海戦術的にプロダクトアウト営業を実施していた今までのスタイルに限界が見えてきた。デジタルを活用した，真のコンサルティング営業，そしてその先のプラットフォーマーとしての戦い方といった新たな営業の考え方について解説する。

⒜　次世代営業の目指す姿

　現在の地銀における営業は，「営業手法が属人化しており，一部のスタープレーヤーに支えられている」という実態と認識している。具体的には，対面や電話やアプリ，Web等のチャネルごとで個別最適になっており，プロダクトアウト型のアプローチが行われている。銀行と顧客の関係は金融取引・商品を中心とした浅い関係（点の関係）にとどまり，その関係の範疇で万人向けの型にはまった商品を提供している形となっており，結局差別化もできていないのである。

　一方で，今後目指すべき営業は，顧客への提供価値を最大化することに主眼が置かれており，「デジタルを活用し，統一された営業手法で，顧客ごとにパーソナライズした価値を提供している」というものになる。具体的には，チャネルを横断し全体最適となっており，顧客本位なコンサルティング型のアプローチとなっている。銀行と顧客の関係は相談・助言を中心としたさらに深い関係（線・面の関係）となっており，パーソナライズした顧客体験・金融サービスを提供している形となり，ロイヤリティ（感情的つながり）により差別化が図られる。

「商品サービス」「チャネル」「人・体制」の観点でも現在の営業と次世代営業は異なる。

「商品サービス」においては，現在の営業では，各営業担当が足で稼いだ情報をベースにソリューション仮説を立て，営業担当が自分で販売できる商品を提供している。一方で，次世代営業では顧客情報を常に収集・蓄積し，データドリブンで売れるソリューション仮説を立て，銀行もしくはグループ全体で扱っている商品全体の中最適な商品を提供する。

「チャネル」においては，現在の営業ではリアルチャネルを主体としてデジタル／リモートチャネルをサブで活用しているが，次世代営業ではデジタル／リモートチャネルを主体としてリアルチャネルをサブで活用していく形となっていくであろう。

「人・体制」においては，現在の営業では営業担当が1人で営業プロセスを完結する属人的なものであるのに対して，次世代営業では営業担当はコーディネーターとして専門家を適宜活用し，銀行として最適な人材が最適なソリューションを提供することにより，銀行全体で品質向上・統一化される。

図表4-2-4　現在の営業と次世代営業の違い

	現在	次世代
営業の考え方	営業手法が属人化しており，一部のスタープレーヤーに支えられている	デジタルを活用し，統一された営業手法で，顧客ごとにパーソナライズした価値を提供している
提供価値	☑金融商品を中心とした，プロダクトアウト型のアプローチ	☑パーソナライズした助言を中心とした，顧客本位なコンサルティング型のアプローチ
商品サービス	☑足で稼いだ情報をベースに，営業担当が自分で販売できる商品を提供	☑蓄積された大量の顧客情報をベースに，銀行全体で扱っている商品全体の中最適な商品を提供
チャネル	☑リアルチャネル主体	☑デジタル／リモートチャネル主体
人・体制	☑営業担当が1人でニーズ発掘から販売までの営業プロセスを完結	☑営業担当はコーディネーターとして，専門家を有効に活用

　ここまでのところで，次世代営業のコンセプトについて示したが，次からは顧客セグメントごとに分解して，足元での営業課題，次世代営業の考え方，その実現に向けての検討ポイントについて示していく。

(b)　法人営業の目指す姿

　法人営業は，地銀にとっての岩盤部分であり，今後オープンバンキングの世界観が広まっても岩盤であり続けるであろう最重要な領域である。ただ，現状では，金融サービス中心のプロダクトアウト営業が中心になってしまっており，低金利に合わせる形で収益性が低迷している。具体的には，金融サービスありきのセールスアプローチになっていたり，特に若手や初任者においては属人的な営業プロセスに起因する営業力のバラツキがみられる状況である。

　そこで，次世代営業としては，金融・非金融両面での総合的なコンサルティング営業を行っていることを目指す必要がある。具体的には，金融のみならず非金融サービスも提供しており，デジタルを活用したコンサルティング品質の確保・底上げがなされている状況を目指していく。

　そのための検討のポイントは，短期的にはコンサルティング営業体制を確立すること，そして中長期的にはデジタル中心の営業を志向した法人プラットフォームを構築することである。

　コンサルティング営業体制を確立するためには，各人固有のコンサルティングスタイルを型化・明文化すること，そして型化したコンサルティング営業を支えるデジタルツール（CRM/SFAやRPA等）を導入すること，型を定着化させるために評価制度・育成計画を導入することが必要となる。

　また，中長期的に志すべき，デジタル中心の営業を志向した法人プラットフォームとは，法人顧客と銀行をつなぐプラットフォームで，そこで得られた情報をもとにデータドリブンのコンサル営業を実現するものである。そこでは，法人においても個人のように，デジタルチャネルでの営業が主で，対面営業が従である世界になるのである。

(c)　個人（富裕層・準富裕層）営業の目指す姿

　地方別有価証券保有率をみると，関東・東海・近畿地方の３大都市圏に比べ

て地方の有価証券保有率は低く，地方世帯でリスク資産運用が進んでいない。これはなぜか。各地方で資産運用ニーズはあるものの，地銀の営業力不足により十分に地域のFP機能を担えていないのである。現状としては，地銀のファイナンシャルプランナーは，総合職系に比べて人材の質に差のある専門職系や一般職系が担い手の中心であり，富裕層営業に必要なノウハウも蓄積されていない。

そこで，次世代営業としては，ファイアウォール規制の弱まりを見越したグループ内の銀証連携はもちろんのこと，外部のノウハウ／人材を最大限活用し，地域のFPニーズに応えていく必要がある。グループ内での最適化を越えて，地域の他プレイヤーと協働しながら地域としてのベストな座組みを地銀主導で構築し，地域のFPニーズに応えていくのである。

例えば，山陰合同銀行と野村證券の提携は好例である。山陰合銀とごうぎん証券の証券顧客口座の管理を野村證券が継承し，野村證券から社員（約50名）を出向させ営業支援を実施している。独立系の証券会社ではみられないような銀行の顧客情報・取引状況を活用してFPスキルの高い元証券マンが営業しているため，非常に業績好調とのことである。

(d) 個人（マス層）営業の目指す姿

マス層向けの営業においては，多くの地銀において営業店での対面を中心とした非効率な営業から抜け切れていないように見受けられる。実際，1人当たり収益に比して対面でのマス営業はコストが大きく，来店顧客数も減少傾向である。また，各行こぞって銀行アプリをリリースしているものの，他行に似通ったありがちな銀行機能が並んでいるもので顧客からの評価もあまり高くなく，デジタルシフトが進んでいない。

そこで，次世代営業としては，地域柄を反映したアプリが顧客接点の中心・収益の柱となっている形を目指していく必要がある。例えば，地域柄や顧客層を反映したその銀行ならではのアプリがリリースされ，そのアプリを通じたデジタルマーケティングにより収益が獲得できている状態である。

現在も各地銀はアプリをリリースしているが何が違うのか。単にインターネットバンキングをアプリ上で実現するということを目指すのではない。顧客

ニーズが変化している中，再度どのような顧客に対して，どのような提供価値をアプリを通じて提供するのかを再検討する必要がある。支店での対面営業前提の世界から，アプリでの非対面営業前提の世界観へ変わっていかないといけないので，現状の延長としてアプリを捉えるのではなく，このタイミングで提供価値を再定義することが重要である。

　併せて，アプリを中心とした世界観においては，デジタルマーケティングが収益につながる生命線になる。現在，地銀では銀行の売りたい商品をライフイベント等を捉えてマーケティングすることで商品を販売するEBM（Event Based Marketing）という「商品」ベースのマーケティングを実施しているケースが多い。ただ，今後は顧客をセグメンテーションし，「どのように優良顧客に育てるか」という観点でマーケティングをすることでLTV（Life Time Value：顧客生涯価値）を最大化する「顧客」ベースのマーケティングを実施していくことが求められる。具体的には，顧客をセグメンテーションし，ペルソナを構築し，カスタマージャーニーを描いたうえで，デジタルマーケティン

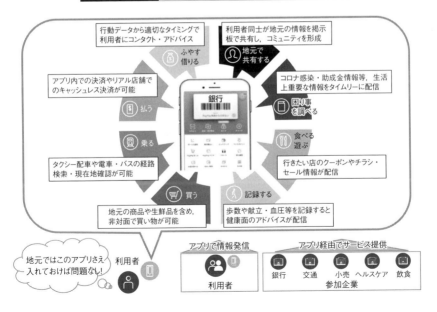

図表4-2-5　地域のスーパーアプリ（イメージ）

行動データから適切なタイミングで利用者にコンタクト・アドバイス

利用者同士が地元の情報を掲示板で共有し，コミュニティを形成

ふやす　借りる

地元で共有する

アプリ内での決済やリアル店舗でのキャッシュレス決済が可能

払う

コロナ感染・助成金情報等，生活上重要な情報をタイムリーに配信

困り事を調べる

銀行

乗る

食べる遊ぶ

タクシー配車や電車・バスの経路検索・現在地確認が可能

行きたい店のクーポンやチラシ・セール情報が配信

買う

記録する

地元の商品や生鮮品を含め，非対面で買い物が可能

歩数や献立・血圧等を記録すると健康面のアドバイスが配信

地元ではこのアプリさえ入れておけば問題なし！

利用者

アプリで情報発信　利用者

アプリ経由でサービス提供　銀行　交通　小売　ヘルスケア　飲食　参加企業

グの施策を立案していく必要がある。

　さらに，地域のプラットフォーマーとして，利用者が暮らす地域に密着し，生活上のさまざまなニーズや社会課題の解決に役立つ「スーパーアプリ」についても検討をしておく必要があるであろう。将来的に個人が銀行へ預金を預けない世界になる可能性もある中，銀行としては個人顧客を囲い込んでおく必要があるからである。

②　金融機関のリーンスタートアップ

(a)　地銀の新規事業創出

　地銀は，自らの力で新規事業を創出する必要に，今こそ迫られているように見える。フィンテックは貸し手と借り手を直接結びつける「中抜き」をしたり，今までは支店やATMへのアクセスから選ばれていた銀行口座を，自分たちのサービスにつながるAPIが準備されているかどうかで評価されるようにルールを変えたりしてくる。

　ここでしかし，むやみとニューバンクやフィンテックのひそみに倣って自分たちもDXを進めていけば活路を見出せる，とする結論は，若干安易のそしりを免れないのではないだろうか。

　金融業は欧米でも，比較的イノベーティブではない産業とされている（出所：Chris Skinnerのブログ "WHY BANKS ARE FAILING the INNOVATION TEST"）。ゆえに，Amazonの登場から，急速にデジタル化が進んだリテール業界をもとに，金融業の未来を見通してみよう。

　米国の小売りでは，事実上，「アマゾンされ」ずに残っているのは，Jet.comの買収などにより死に物狂いでAmazonと戦っているWalmartのみで，Searsを含む，その他のいわゆる「レンガとモルタルでできた」小売業は，危殆に瀕している。2020年には，Toys "R" Usが自社ブランドのデジタルなケイパビリティとフルフィルメントをAmazonに任せてしまうような，完全な敗北宣言としか見えない衝撃劇な事態が起こった（出所：Forbes "Toys 'R' Us Just Foolishly Gave Amazon The Christmas Gift Of A Lifetime"）。焦って我も我もと似たようなオンラインショップをオープンするだけでは，業界を牛耳るAmazonに抵抗することなどできない。一般消費者は決してバカではなく，

しょせん二番煎じと，ぞろぞろ現れた「なんちゃってアマゾン」など黙殺している。世界に２億人も存在するとされるプライム会員は，クリックすれば最も低価格の商品が明日届くサービスに完全に洗脳され，ほかのサイトなどよほどのことがない限り見に行く気にはならない。米国のスタートアップでほとんど崇拝に近い尊敬心を集めているピーター・ティールは，情け容赦なく別抉する。

　「すべての負け組の企業は似ている。すなわち，競争を免れなかったのだ」（出所：ピーター・ティール著，"ZERO TO ONE" Currency刊）。

　ティールは指摘する。検索エンジン市場を見よ，独禁法に抵触するのを免れたいから広告業界の大風呂敷に自らの収益を対比させて大したことないように見せかけても，Googleはやはり，1,070億ドルもの莫大な検索エンジン市場の実に９割をがっちり握っているではないか。読者の中にも，検索エンジンでGoogle以外の検索エンジンしか使わないという方は珍しかろうと思う。

　Google，Facebook，iPhone，AWS，PayPal，Tesla Motors……一人勝ちのサービスというのは，絶対といってよいほどベンチマーキングから事業を始めておらず，競争戦略の代わりに「どうやったら競争しないで済むか」を徹底的に考え（AWSを世に出した時の，原価を割るベゾスのプライシング戦略はその典型），無我夢中で己のマーケットを成長させようとする。己の強みをよく知り，顧客と直接対話して市場の特性を調べ尽くし，その強みを徹底的に生かす市場を自ら創出する形で勝ちを収めている。

　地銀には例えば，地場の顧客の特性を長く深く知悉しているという，ニューバンクやフィンテックが逆立ちしても真似できない強みがある。同じDXを試みるのでも，二番煎じでは，それこそAmazonが日本の金融業に参入してきたとき，むざむざディスラプトされる羽目に陥るだけだ。

　そして，独自の市場を創り出し天才でなくても新しいサービスを成功させる手段として，これから紹介するリーン事業開発以上のものはない，と断言できる。IntuitもCoinbaseも，これをもって成功を勝ち取ってきたのである。

⒝　リーンスタートアップサイクル

（ⅰ）　小規模実験のサイクルによって業績を立て直したIntuit

　Intuitのスコット・クックは自らが決してスティーブ・ジョブズになれない

と自覚した，という一節から，その興味深い論文は始まる。結論をいってしまうと，クックはデザイン思考を全社的に導入することで，トップの彼1人がジョブズにならなくても新規事業を創出していける体制を整えることになる（出所：Roger L. Martin "The Innovation Catalysts" Harvard Business Review）。

これからリーン事業開発（リーンスタートアップ）を解説して，地銀が特にDX絡みの新規事業開発を進める際，この方式で事業を作っていくことが最も効果的かつ効率的だという議論を展開する。その際，事例として挙げるべきフィンテック関連の企業として，Intuit以上に適切な事例はない。

2004年，その当時のInuit製品に対するNPS（Net Promoter Score：顧客ロイヤリティを測る指標の1つ）は概して低く，Intuitは，もっと高い顧客満足度をもたらす新しい製品を生み出す必要に迫られていた。クックは，P&Gのデザイン思考の専門家を招聘し，D4D（Design for Delight）と称して，全社的な規模でデザイン思考を新規事業開発に取り入れた。そのプロセスは，Painstorm，Sol-jam，Code-jamの3段階からなるものだった。

Painstormでは，顧客を訪れ，顧客インタビューとエスノグラフィで顧客にとって最も煩わしいこと，困りごと，Painを克明に看取する。Sol-jamでは，そうしてあぶり出したPainに充てるためのSolutionを考え出す。Code-jamでは，そのSolutionを解決できると思われるソフトウェアを，必要最小限の機能セットで，できる限り高速に作る。つまりはMVP（Minimum Viable Product：最小実行可能製品）の製造だ。急造したMVPを顧客に見せ，フィードバックをもらい，再びSol-jamとCode-jamを走らせる。イテレーションである。その結果，NPSはうなぎのぼりで上がり，Intuitは以前以上の業績をすぐに誇るようになった。

リーンスタートアップのことを少しでもご存じの読者は，これは，リーンスタートアップをフレームワーク化したエリック・リースの定義したリーンスタートアップのサイクル（後述する）そのものだと気づかれるはずである。

(ii) リーン事業開発の検証サイクル

以下のリースの体験は，彼の著書 "THE LEAN STARTUP"（Currency刊）

から引いている。

　リースはスタートアップIMVUを起ち上げる際，まずは「アバター付きメッセンジャーサービスでネットワーク外部性を狙う」と大上段の戦略を策定して，サービスの要件をかっちり固めた。最新のアーキテクチャを導入し，当時最新だったスクラムを駆使して，期限内に必死でサービスを造り上げた。しかし，ローンチしたIMVUの売上は，月額で数百ドルと低迷した。経営陣は潜在顧客を集めて，サービスを使ってもらうユーザーテストを行った。結果は，経営陣にとって受け入れがたいものだった。何人インタビューしても，誰一人として，仕様どおりの使い方をしてくれないのだ。「謝礼を出しているのだから使ってくれ」と頼んでも，「お金を返すからその使い方はしたくない」と言い出す始末である。

　ここに至ってようやく経営陣は，しぶしぶ，これは自分たちが招き寄せた倒産の危機だと認めた。これを乗り越えるには，のちにリースが「ピボット」と名付ける，サービスの抜本的な変更が必要だった。特にCTOであるリースにとっては，今まで自分たち開発者がゴリゴリ書いてきた何千行ものソースコードをどぶに捨てるという，身を切るような決断である。顧客の声に基づいてサービスの内容自体を変更するこの思い切ったピボットがしかし，功を奏し，IMVUの売上は爆発的に伸びた。「顧客に価値をもたらさない一切の努力は無駄である」と，リースは苦い自戒の言葉を残している。

　リースはばかばかしさを覚えた。半年間かけて営々と築き上げたこのサービスによって学習できたことは，「このサービスは，誰も使おうとしない」ということだけだった。ということは，最初に用意すべきウェブ画面は，たった2枚でよかったのである。ランディングページを用意し，そのランディングページで「サービスを使ってみる」ボタンを押下すると，「申し訳ございません，工事中です」というページに飛ぶという仕組みを設けておいて，「サービスを使ってみる」ボタンの押された回数を測れば，同じ結果がたった1～2時間のHTMLコーディングで，手軽に得られたではないか。このときの洞察が，リースの中で，のちにMVPとして結実する。すなわち小規模の実験である。

　こうして体系化されたのが，MVPをワンスプリントで製造し，それを顧客にあてて反応を確かめ，その反応から顧客について学習し，それをもとに

図表4-2-6 デザイン思考とリーンスタートアップの施行プロセス

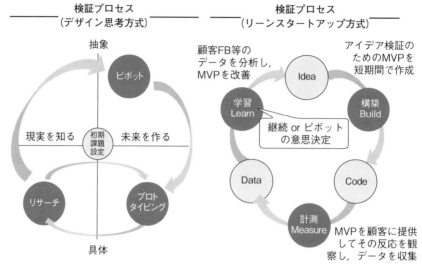

※　MVP=実用最小限の製品

MVPを改変する（MVPを一から作り直すことも含む）というリーン事業開発のサイクルである。そしてこのサイクルこそ，D4DでIntuitが回したデザイン思考のプロセスにほかならない。

(iii)　線形プロダクト開発とリーン事業開発

"Orchestrating a Successful Digital Transformation"（Laurent-Pierre Baculard他著）によると，アメリカにおいてDXの成功確率はおおよそ5％とされている。DXたけなわの日本においても，PoC祭り／PoC疲れという用語をよく聞く。DXに限らず新規事業を創出するのは，およそ至難の業である。

なぜこんなことが起こるかといえば，IMVUでリースが失敗したのと同じ理屈である。最初に戦略を考え，念入りに社内でビジネスプランを練って社内で投資の承認を得，PoCを実施すべくサービスを作り上げて，無償のPoCを1年間回してみたが，でき上がるまで顧客からのフィードバックをろくに得ていないから誰も買わない，といった顛末である。この手法を線形プロダクト開発と呼ぶ。和製英語でいうところのプロダクトアウトだ。

　1990年代，世界にはまだ携帯電話の2Gのネットワークも整っていない状況で，モトローラ社は，エベレストの上でもつながる夢の携帯電話を，50億ドルもの資金を投じ，66個の衛星を打ち上げ，7年もの年月をかけてシステムを製造した。でき上がったプロダクトは，アラスカでも南極でもつながる，抜群に通話品質の高い，極めて遅延の短い画期的な衛星電話であった。この衛星電話「イリジウム」は，ローンチして大成功をつかむかと思いきや，全世界でたった5万人しか加入者を得られず，65億ドルもの借入金を抱えて，サービス開始1年未満でチャプター11を申請する悲惨な末路をたどった。このとき，プロジェクト開始前にこの企画にインボルブされた顧客は，モトローラの技術者の夫人，ただ1人であった。1984年に夫と一緒にバハマに旅行したとき，米国製の携帯電話は当然バハマではつながらず，そのせいで不動産取引に失敗し，夫をたきつけてモトローラ経営陣に企画を上程させたのだ（出所：ジョン・ブルーム著，"Eccentric Orbits: The Iridium Story"Grove Press刊）。

　線形プロダクト開発とリーン事業開発のモデルの相違を2枚の図にまとめた（**図表4-2-7**）。

　線形プロダクト開発ではサービスの内容が最初に固まり，開発のための投資がいきなりドンとついて，PoCの開始を目的としてわき目もふらずに開発の矢羽根がまっしぐらに進むのに比べ，リーン事業開発では，こまめに顧客のフィードバックを得ながら徐々に投資し少しずつMVPを太らせて，収益化を目的として，上掲のサイクルが回っていく。確かに，線形プロダクト開発のほうが，完成品が世に出るタイミングは早いだろう。しかし問題は，作っては失敗，作っては失敗を繰り返していたら，収益化までの道のりがうんざりするほど遠いことだ。リーン事業開発を駆使したAirbnbは，Y-combinatorによって投資がついてからたったの3か月で，創業者が売上だけでギリギリ食べていけるところまで持っていっている。

　リクルート出身の事業開発者・麻生要一が，リーン事業開発初期の顧客インタビューとピボットの様子を次のように例示している。やや大げさの感はあるものの，感覚的には，初期のリーンはこのとおりの動きをする（出所：麻生要一著，"新規事業の実践論"NEWSPICKS PUBLISHING刊）。

図表4-2-7　2つの事業開発モデルの対比

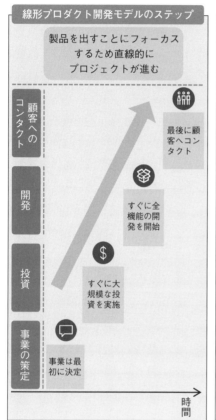

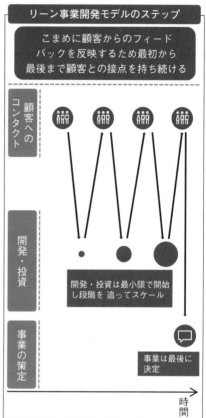

最初の仮説：うちの地元には本格的なうどん屋がないから，駅前に手打ちうどんの店を出したらどうか。

顧客の声（地元の人たち）：隣の駅においしいうどん屋があり，地元に似たようなうどん屋ができても食べに行かないという人が多かった。一方で，読書や勉強に適切なカフェがあるとよいという声があった。

修正仮説：地元にカフェを出したらどうか。

顧客の声（地元の人たち）：カフェかどうかというより，長時間，気兼ね

なく滞在できるスペースがほしい。会社や学校の帰りに集中できる空間が地元にあったらうれしい。

修正仮説：コワーキングスペースはどうか。

顧客の声（地元の人たち）：コワーキングスペースがあったら使うかもしれないが，わざわざ駅から自宅と別の方には向かわない。駅から徒歩1分以内だったら使うかもしれない。しかし，駅前にはちょうどよい空き物件はないから難しいのではないか。

　初期このような感じでビジネスモデルを変化させていき，ある程度までビジネスモデルが固まったら非常に軽いMVPを作って，それを携えて顧客にあたりにいく。顧客からのフィードバックをMVPに反映する。これを繰り返しているうちに，「何をどう考えてもこのビジネスは必ず当たる」と感覚される瞬間が到来する。そこで満を持して，サービスをローンチすればよいのだ。

　Citiは，世界の大手金融機関の中でも，真っ先にこのリーン事業開発サイクルを自社に組み込んだ1社である。

　Citi VenturesがCiti社内に組み込んだ投資判定のためのCitiのDiscover 10Xプログラムでは，6～8週おきに開催されるDeals Dayに持ち込まれたプロダクト企画に対して，まずは非常に小規模な投資がつく。多くのチームが，わずか数千ドルのコストで小実験（すなわちMVP）を行って，顧客検証を行う。例えばあるチームは，機関投資家が使用している既存の製品を，ほかの大口法人クライアントに売るということを思いついた。Citiの大口法人クライアントは，複数の銀行口座やグローバルオペレーションといった，機関投資家とよく似たニーズを抱えているからだ。しかしD10Xチームは，この企画は，Citiが戦略的な投資判断を行う際には，大したアイデアだと評価されないだろうと思った。そこで，こう答えた。

　「よいですね，皆様方のアイデアに投資しようと思います。オフィスを出て，何社か法人クライアントと話してきてください」

　顧客に話したとたん，そのアイデアは否定されてしまった。例えば，法人クライアントは，複雑なビジネスをさばくために必ず複数の銀行口座を持たなけ

ればならないのであり，Citiのこの既存ソリューションが複数の口座を1つに
まとめてくれても，嬉しくなかったのだ。「最初の顧客にぶつけてみて，否定
されないビジネスプランはない」（スティーブ・ブランク）。この瞬間，この企
画は頓挫，葬り去られた（出所：エリック・リース著，"THE STARTUP
WAY"Currency刊）。

　これこそ，スティーブ・ブランクのいう，「オフィスビルの外に出よ」の実
践以外の何物でもない。リーン事業開発には，かくも無駄がないのである。

　ジェフ・ベゾスは幼い頃から実験が大好きで，「年に実施される実験の数を
2倍に増やせば，自社の創作力/発明性を2倍に伸ばすことになる」と発言し
ている（出所：Inc. "7 Jeff Bezos Quotes That Outline the Secret to Success"）。
Amazonほどエンジニアリングリソースが潤沢な会社は世界中にもめったにな
いが，にもかかわらず，無手勝流のプロダクト開発のポートフォリオでなく，
ワンピッツァ・チームが顧客相手に小実験を重ねるタイプの事業開発を実施し
ている。Amazonが提供するサービスが非常に多岐に及んでいるのは，収益化
までのスピードを重視した事業開発が常に多数内部で走っているからである。
同社は，ある新規事業の収益化のためなら，既存の事業のデマーケティングを
行うことも躊躇しない。一世を風靡したダッシュボタンが，ソフトウェアのボ
タンに代わって，いつの間にか購入できなくなったのが典型例である。

　日本においては，Amazonが銀行業を含む金融業に乗り出してくる可能性が
ある。「既存事業を回していればとりあえず直近はもつだろう」「失敗を恐れず，
数多くの事業を作っておけばいつか当たるだろう」程度の事業方針では，同社
がこの市場に乗り込んできたとき，たちまち「アマゾンされて」しまうだろう。

(c)　なぜ市場調査は無効なのか？

　ここで1つ，FAQに答えておこう。それは，ビジネスプランを作る際に市
場調査をしてすでに顧客の反応を見ているから十分ではないか，というもので
ある。しかし，市場調査というのは，「ピカ新」の新規事業の創出の際，百害
あって一利なしである。

　「私は市場調査に頼ったことは一度もない，顧客はこちらが何か見せてあげ
るまで自分のニーズがわからないからだ」（出所：ウォルター・アイザックソ

ン著，"Steve Jobs" Simon & Schuster 刊）。

　ジョブズは iPhone を市場に投入する際，スマートフォン市場の市場調査などまったく行わなかった。RIM など，ハードウェアキーボードのついた当時のスマートフォンに対する競争戦略など，まるで立てなかった。その代わりイテレーションで「iPhone の市場」を創出し，フィーチャーフォン市場を巻き取って，その結果，旧来のスマートフォンを駆逐したのである。

　2021 年 4 月の上場時，時価総額 11.3 兆円をつけ，押しも押されもせぬ巨大企業と化したフィンテック Coinbase だが，同社が起ち上がった 2012 年に同社のサービスにサインナップすると，なんと，ビットコインが 1 枚無料でもらえた。ところが，それに興味を示す顧客は，当時は誰もいなかった（出所：Building Minimal Viable Product with Michael Seibel ¦ Decode Academy UC Berkeley Course Fall 2020）。Coinbase はそのどん底状態から徐々に顧客を教育して，現在の巨大市場を創出したのである。その Coinbase が起業時に市場調査を行っていたとする。果たしてどのような結果が返ってきただろうか？

　新規事業の創出に市場調査が無効なのは，テクノロジー・アダプテーション・サイクル（イノベーション理論における商品購入の態度を新商品購入の早い順に五分類されたもの）の釣り鐘曲線の左端から顧客を教育していくからである。直観に反するが，これこそが真理なのだ。

⒟　イノベーション会計

　ここで，リーン事業開発で使われるイノベーション会計という手法を紹介する。この概念は，リースが，2 冊目の著作 "THE STARTUP WAY" で明確にした。

　会計と日本語に訳されるものの，この場合の Accounting とは，「説明様式」という本来の意味のほうが近い。サービスがローンチされて間もない事業をいきなり ROI で測るような真似をすると，せっかく素晴らしい可能性を秘めているのに早期に葬り去られてしまうリスクが大きい。あるエネルギー事業会社では，新規事業開発の際，それをローンチした翌年にいきなり 100 億単位の売上を立てることを前提に開発を始めるらしいのだが，どんな蛮勇のイントラプレナーがそんな火中の栗を拾うというのだろうか？　そこでデータ・アナリティ

クス的な指標／KPIで，財務には短期では現れない成長具合をトラッキングするというものだ。いわゆるデータ・アナリティクスと大きく異なるのは，厳しい結果が出たら，いったん事業を更地にして，まったく新しい事業で再出発する，すなわち，ピボットすることがあるということだ。データ・アナリティクスはイテレーションで使用され，ここまで思い切った決断を行うことはまれである。

リースも自著で例として引用している，フィンテックでイノベーション会計を利用しピボットを敢行して成功したロボット投資アドバイザリーサービスの

図表4-2-8　イノベーション会計

	管理会計	イノベーション会計	データアナリティクス
利用者（誰のため？）	経営者ラインマネージャ	CDO／事業部長／プロダクトマネージャ	事業部長／プロダクトマネージャ／保守担当
対象とする事業の単位	企業全体／事業部／地域など（内部）	新規事業群個々の新規事業	単一の既存事業
目的（何のため？）	予実管理／年度比較などで，経営状態を把握	事業開発の進捗を把握し，その方向性を決定	顧客の行動を把握し，機能などの改善を行う
利用するKPI例	ROI，粗利益，ROIC，WACC，当座比率，売上債権回転日数	顧客インタビュー実施数，DS実施数，ARPU，ACAC，LTV，定着率，解約率，CTR，CVR	ARPU，ACAC，LTV，定着率，解約率，CTR，CVR

草分けWealthfront 社の事例を紹介する（出所：エリック・リース著，"THE LEAN STARTUP"Currency刊）。

　同社はもともとkaChing.comという名前で，アマチュア投資家向けの投資オンラインゲームを提供していた。"kaChing"はキャッシュレジスターの音を表す擬音である。フリーミアムで提供されたこのゲームは，45万人に及ぶゲーマーを惹きつけた。ただし，フリーミアムなので，ここから上がる収益はゼロである。

　当初の仮説は，以下の2つだった。

（i）　アマチュアながら才覚をゲームの中で表してくるゲーマーが相当数（現実には数値を設定）現れるだろう。これは，自社サービスがイノベーターといわれるチャレンジングな初期の客層をつかむだろうという価値仮説に当たる。

（ii）　優秀な投資家をしり目に，大多数のゲーマーたちは，自分たちが実際の投資を行ったらきっとうまくいかないだろうと危機感を抱き，有償の投資アドバイザリーサービスを使い出すだろう。ここでも，予測するコンバージョンレートを仮説として設定しておく。これは，事業がスケールするかどうかを判定する，成長仮説と呼ばれるものである。

　この仮説を検証した結果は，(i)たった7人しかファンドマネージャーとしては才覚を現さず，(ii)有償サービスへのコンバージョン率はほぼゼロだった。つまり，実験は失敗である。ただこの時，想定もしていなかった事態が起こった。何人かのプロ投資家がこのゲームに興味を持ち，電話で問い合わせをしてきたのである。

　今のモデルではさっぱりマネタイズできないものの，自分たちが作ったアルゴリズムは，プロのファンドマネージャーたちのお眼鏡にもかなう，十分魅力的なものだったと検証された。これは，いわば，新しいサービスの価値仮説を示す顧客からのサインである。そこで，kaChing.comは，思い切ったピボットをする，すなわち，オンラインゲームをばっさり捨てたのだ。そしてWealthfrontとして現在提供している，ロボットアドバイザリーによる個人資産管理サービスの原型を提供し始めた。そしてその先に，時価総額でフィンテックのトップクラスを走ってきた現在のビジネスがある。

このときこのスタートアップの経営陣の際立った優秀さは，フリーのオンラインゲームが何人集客しようが，それには目もくれなかったという考え方に現れる。スタートアップは，投資家や，自分自身をも騙すための指標，これをリースは「バニティ・マトリックス」（ごまかしの指標）と称するのだが，こればかりを追いかけ始めると，よいことは決して起こらなくなる。リース自身も，IMVUが倒産の道まっしぐらだったとき，累計ビジター数のホッケースティック曲線に必死でしがみついていた。

ここでリースが挙げている別の事例，TOYOTAのコネクテッドカーサービスの事例も紹介しておく。

(i) 価値仮説「現状の車の運転に不満を持っている人がいるはず」

→検証方法：人気ウェブサイトCraiglist に「車通勤が嫌いな方，おられますか？」という広告をTOYOTAの名前で出したところ，1時間も経たないうちに，300名が応募してきた。

→価値仮説は肯定された。

(ii) 成長仮説①「TOYOTAが開発したコネクテッドカーによって，運転の体験が改善するはず」

→検証方法：300名に対して，イグニッション系とステアリング系に接続したアンドロイド端末の簡単なアプリを配り，気に入った場合は使い続けてもらい，気に入らない場合は謝礼を100ドル払うようにした。すなわち，このサービスに100ドルの価値があるかどうかを検証してみたところ，60％が使い続けたいと回答。

→成長仮説①は肯定された。

(iii) 成長仮説②「サービスを利用したユーザーが広告塔となり，サービスを成長させていくはず」

→検証方法：上記アンドロイド端末を使ってくれた顧客の40％が使用を他人に勧めたいと回答。

→成長仮説②も肯定された。

TOYOTAはこの顧客からのフィードバックを参考にモビリティサービスプラットフォームの導入に踏みきった。

ここでポイントは2つある。1つは，Craiglistの広告もアンドロイド端末の

アプリも，等しくMVPであるということである。特に，広告のほうはその延長線上にサービスの構築はできないが，顧客の反応が探れるのなら，これは立派なMVPであり，このサービスがアーリーアダプターを獲得できるか？　を，モノもろくに作らずに検証している点が秀逸だ。

次に，これがAAARRモデルの，それぞれ①Acquisition，②Retention，③Referralを意味するということである。下位に行けば行くほど収益源となる客層である。KPIは，基本的にはこのマーケティングのファネル上で，どこにボトルネックが発生しているか，をつかむために使用される。

イノベーション会計のデータ・アナリティクスにない特徴の1つは，馬鹿正直にしっかりとサービスを構築してKPIを測らずとも，TOYOTAの広告のように，簡単に価値仮説を計測することが可能だということだ。このMVPの設計，それに伴うKPIの設定にはこれもかなりの仮説検証のための知識を必要とする。バニティ・マトリックスでない本物のKPIを，事業開発フェーズごとに的確に設定・計測していくのにも，知識と経験がいる。このイノベーション会計の手法もデロイト　トーマツ　コンサルティングでアドバイザリーしているの

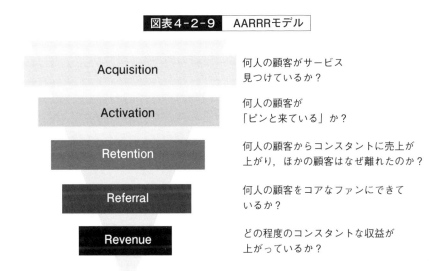

図表4-2-9　AARRRモデル

Acquisition	何人の顧客がサービス見つけているか？
Activation	何人の顧客が「ピンと来ている」か？
Retention	何人の顧客からコンスタントに売上が上がり，ほかの顧客はなぜ離れたのか？
Referral	何人の顧客をコアなファンにできているか？
Revenue	どの程度のコンスタントな収益が上がっているか？

（出所：GMOインターネットグループ「スピリットベンチャー宣言」より抜粋）

で，ご興味のある方はお問い合わせいただきたい。

(e) 地銀の新規事業創出

　以上，ベイエリアでは事実上の事業開発のデファクトスタンダードになっているリーン事業開発を，金融業の企業に主に引きつけてみてきた。デロイト トーマツ コンサルティングがこれを説明して，「導入までのハードルが高い」と感じられる日本のエンタープライズは多い。地銀に対しても，これを全社的かつストレートに導入することには，困難が伴うものと思われる。

　そもそもリーン事業開発は，トップダウンで強制的に全社導入するようなものではない。それ自体，リーンなやり方とはとてもいえないではないか。むしろ，リーン事業開発モデルそのものを，small start & fail first で最初は1つ2つの事業開発に適用してみるのがおすすめである。また，この手法は常にバイアスと戦い続けることが必須であり，理論を把握するだけでなく，試験導入初期は，伴走者が適宜助言をする必要が出てくる。筆者自身が，かつてはメンターについてこの手法を腹落ちさせ，そろそろと進めていった記憶がある。デロイト トーマツ コンサルティングにはリーン事業開発のプロが複数おり，さまざまなメニューでご相談に乗ることが可能だ。地銀に新規事業創出が喫緊の課題として与えられている今，是非とも筆者らのサービスをご活用いただきたいと思う。

（3）オペレーション領域

① オペレーション領域

(a) 地銀におけるオペレーション課題の実態

　マイナス金利による資金収益減少やフィンテックの発展を受け，金融機関におけるコスト圧縮要請は非常に大きなものとなっている。この流れは地銀においても例外なく，各地銀ではRPA，AI，OCRといった技術も活用しながらオペレーションの効率化・コスト削減の取り組みを進めている。

　いずれの地銀においても他行の取り組みを熱心に情報収集しており，どのような技術が自行に導入できるかの検討を進めているものの，筆者らが実際に業

務効率化プロジェクトで各行の調査・分析を行うとまだまだ改善の余地が大き
く残されていると判断することが少なくはなく，またいずれの地銀においても
同じような課題を抱えていることがわかってきた。

　以降では，筆者らが実際のプロジェクトを通じて見えてきた地方銀行が抱え
るオペレーションの課題・改善余地の実態と，プロジェクトの中で検討した改
善の方向性を紹介する。また，これら課題が生まれる根本的な原因とその対応
についても言及したい。

図表4-2-10	地銀において散見されるオペレーション課題と目指す姿

		課題	目指す姿
営業店	窓口業務	■紙の申込書・依頼書の対応が多く，人手に頼った作業が多く残存。業務負荷に加え作業品質低下の要因にもなっている	■受付業務が電子化・最適化されており，営業店行員は事務作業から解放され，より顧客への価値提供業務に注力できている
	ペーパーレス	■営業店で発生する大量の紙の保管要否・保管場所が現行踏襲（またはマイナーチェンジ）にとどまり改革に踏み込めていない	■保管スペース，対応工数，リスクなど多様な観点から判断した最適な保管方法が選択されている
	BPR	■営業店の現場努力で行える業務改善にとどまっており，"これまで実施していた"という理由により残存する業務も多数残存	■自行の実態に応じ業務の棚卸・断捨離が継続的に行われており，また，自行単独で主導することができている
	本部・営業店間連携	■本部から営業店に対する情報還元，および，営業店から本部に対する報告が必要以上に発生し，営業店の業務時間を奪っている	■本部が営業店実態を把握できており，継続的な改善サイクルが回せている
事務センター	事務集約	■可能な部分から集約化を進めた結果，部分最適化しており，銀行全体での効果が想定よりも得られない	■営業店〜事務センターのプロセス全体が最適化されたうえで，営業店が対顧客業務に集中するための事務集約が行われている
	業務効率化・自動化	■事務センター内の業務がブラックボックス化しており，どの程度効率化・自動化が進んでいるのか，余地が残っているのかが不明確	■従来業務を疑う目線を持った要改善業務の探索が絶えず行われ，効率化余地がアップデートされ続けている

(b) 営業店における課題・対応方針の事例

ここでは「受付業務電子化」「ペーパーレス」「業務のスリム化（BPR）」を取り上げ紹介していく。いずれのテーマも多くの地銀で共通の課題であり，かつ，効率化余地が大きなテーマであると認識している。

(i) 受付業務電子化

A銀行では，営業店窓口における依頼書・申込書など紙の取扱業務はまだ多く残っている。インターネットバンキングなど非対面チャネルの導入・顧客誘導を各行進めているもののいまだ営業店への来店割合は大きく，紙の取扱いに起因する営業店の業務負荷が大きなものになっている。また，事務プロセスの最上流を紙で受け付けることにより，後続事務プロセスにおいても紙の取扱いを強制され，情報の電子化・RPA等による処理自動化といった改善に着手できない状況を招いていた。解決策として，窓口タブレットの導入も検討してきたがタブレットへの入力内容を勘定系システムに連携するには大きなシステム投資が必要となり，投資対効果が得られないことから受付業務効率化に踏み込めない状況であった。

この課題に対し大掛かりなシステム導入ではなく，小規模ソリューションを組み合わせることによる解決を目指した。顧客が自宅・自社オフィスでQRコード付き伝票を作成できる環境を提供し，営業店では既存の営業店端末にQRコード読取機能を追加することで，システム投資を最小限にしながらも営業店における打鍵業務を自動化する対応策を見出すことができた。

(ii) ペーパーレス

B銀行では，営業店ペーパーレス推進プロジェクトを組成，筆者ら外部コンサルタントを活用し全行の取り組みとして改革を進めた。「ペーパーレス」という号令のもと漠然と紙の削減がゴールとして設定されているものの，紙を削減した先に何を実現するかというアウトカムまでは共通認識が得られていないことがプロジェクト提案の段階で認識されていた。

プロジェクトは営業店のヒアリング・実態調査から着手，この初期ヒアリングを通じて必ずしも紙の削減が必要ないケースも見えてきた。例えば，営業店

に保管されている紙の約6割を占めていた伝票については，紙の保管量は多いが一度保管した後は現場における業務負荷は発生せず，保管スペースにも余裕があることから営業店の行員にとっての大きな課題認識がないことが判明した。

　プロジェクトの中では，紙に関わる課題を集めたうえで「保管スペース」「現場行員の対応負荷」「誤破棄リスク」の観点から評価，そのうえで対応する課題の優先順位を決めたうえで「現場行員の対応負荷」が大きな課題から対応を進めた。実際に，紙の削減による効果よりも行員の対応工数削減による効果が大きく積み上げられる結果となった。

(iii)　業務のスリム化（BPR）

　営業店の業務改革を進めているC銀行では，営業店のヒアリングを進めている中で，現場が不要だと感じる業務を実施している実態を把握した。その一例として，本部から毎朝還元される情報への対応作業が挙げられていた。還元帳票の中には必ずしも確認が必要と感じないものが含まれており，これらの帳票に対しても，確認・検印・保存の作業を行っている事実を確認した。業務のスリム化の対象として原因の特定，および対応策の整理を進めた。

　調査を進める中で，業務を所管している本部部署にもヒアリングをしたところ，本部担当者においても必ずしも業務の目的や必要性を把握していないことが判明した。還元帳票の全体を対象に目的を可視化のうえ，目的ごとに業務のスリム化方針を定め，全体の6割以上の帳票を見直しすることに成功した。

　この事例のように，本部所管部署であっても必ずしも業務を正確に把握していないということは多くの地銀で起こりうる事象だと考える。原因の1つとして共同化システムの利用が考えられる。共同化システムの利用には，システム投資コストの抑制だけでなく，事務プロセス・フローも同様の仕組みを効率的に導入することができるメリットがあり，事務規程・マニュアルをゼロから作成する労力を省くことが可能となる。その反面，それらのルールに至った考え方が行内に蓄積されず，導入時メンバーが異動等で不在となるうちに自行に適さないルールが残ってしまう可能性が懸念される。また，スリム化の際に対象業務が必要な理由を説明できず「いままで行ってきたから」という理由で廃止に踏み切れないという場面にも多く遭遇した。

業務を定期的にスリム化することが，これら自行に適さなくなったルールを発見する重要なプロセスとなるとともに，スリム化の際には必要な理由を説明できない業務は廃止するなど思い切った方針を定めなければ不要な業務の整理は進まないだろう。筆者らのような外部の目や，他部門・現場からの素直な意見を取り入れ，所管部目線に閉じた判断にならないような工夫を取り入れたい。

(c) 事務センターにおける課題・対応方針の事例

ここでは「後方事務集約」をテーマに紹介する。事務センターにおける課題に分類してはいるものの，営業店への影響を考慮しながら銀行全体の効率化目線が求められる検討テーマであることを念頭に，読み進めていただきたい。

事務集約を進める際，集約だけで得られる効果は限定的であり，①業務の集約化，②集約した業務の標準化，③標準化した業務の効率化・自動化，までを検討することで大きな効果が得られると考える。

しかし，多くの地銀では集約化のみの検討にとどまっていることが少なくなく，銀行全体の効率化につながっているかを十分に検証しきれていない。このような状況では，集約化自体が目的となり，本来目指すべきであった営業店の効率化を阻害することも懸念される。とある銀行では，営業店の一部業務を事務センターで対応可能とする業務改革を進めた。ところが，その後に営業店にヒアリングをしてみると，営業店では当該業務を事務センターに依頼せず自店で実施しているケースが多いことが判明した。原因は，事務センターへ依頼を行うと処理実行までのリードタイムが発生してしまいお客様を待たせてしまうため，期限までの余裕がないケースにおいては自店で処理をせざるを得ない状況が発生しているということであった。机上で移管する業務の工数だけを試算するのではこの事例のような部分最適に陥ってしまう。

一部業務を営業店から切り取り，事務センターに移管するという目線ではなく，営業店から事務センターまでのプロセス全体をリデザインし，営業店・事務センターだけでなくお客様も含めた全体最適の大きな視点を持つことが必要となる。

(d)　事例を通じて認識した真に取り組むべき課題

　ここまでは事例により地銀が直面しているオペレーションの課題を紹介してきた。これら個別の課題を検討していく中で，これらの根本に潜んでいる真に取り組むべき課題が見えてきた。

　オペレーション改革という取り組みにおいては，マネジメントによるトップダウンの施策検討だけでは成功に導くことは難しく，過去のしがらみや現場からの反発が推進を阻害する。地銀がオペレーション改革を徹底させ，自発的な取り組みへ昇華させるために備えるべき特性について記述する。

　今後，より激しい変化への対応を求められ，これまでの延長線上ではない未知の領域へのチャレンジも求められる。そのような中，この第一歩を踏み出し続けることこそがこれからの地銀において求められていくだろう。

(e)　いかに改革を徹底させるか：しがらみのない課題特定

　本章の前半でも述べたとおり，どの地銀も熱心に他行動向の調査・研究を続けている。それにもかかわらず，自行に対しての適用を進める段階で壁にぶつかることが多い。妙な言い回しではあるが，自行よりも他行のことのほうが詳しいのではないかと思うほど，自行の課題になると客観視が難しくなる。

　これまでの経緯やしがらみを知っているがゆえに盲目的に従来のやり方を踏襲したり，上意下達の組織文化も業界の特性上生まれやすいと考える。世の中の変化が大きく，新たなテクノロジーを取り入れて絶えず変革を続けなければならない現在においては，盲目的な前例踏襲は非常に危険であると考える。従来のやり方を疑うことが課題の発見につながり，自行の課題を理解して初めて先行事例をうまく活用することができる。時にコンサルタントなど外部の目を活用し，しがらみのない客観的な評価を得ることで前向きな破壊を続けることが，オペレーション改善を徹底させるための第一歩となる。

(f)　いかに自発的に改革を進めるか：現場の巻き込み

　オペレーション改革を成功させるためのもう1つの大きな要素として，本部と現場の強固なブリッジをいかに形成するか，がある。オペレーション改革では，本部で検討した企画が現場へ施策として展開され，現場で実施された施策

の結果が本部に還元され，さらなる改善に取り組む，というループを回していく。この改善のループを未知の領域に対しても早く回すためには，本部が現場を巻き込み，サイロ型組織の垣根を取り払ったワンチームでの取り組みが求められる。

　なぜ本部の企画は現場にうまく浸透しないのか。現場では一体何が起きているのか。これらを知るために本部から現場に歩み寄り，現場の声を引き出すことが不可欠となる。

　本部が現場をうまく巻き込んだ好事例として，現場からの声を，マネジメント層が責任をもって実現する制度を導入した事例を紹介する。定期的に営業店における課題と解決案を募集し，経営層により優れたアイデアをコンテスト形式で決定，採用されたアイデアは担当する本部部署が決定し責任をもって施策として実施される。これにより営業店は自分たちの声を営業店・本部が受け止めることを体感し，自分事として課題をエスカレーションする本部・現場間の信頼関係を醸成していく。こうすることで現場での当事者意識が目覚め，変革を推進させる力となる。

　ほかにも，人材交流・情報交換の枠組みや，営業店に寄り添う役割を持った本部組織の設置なども有効な取り組みとなりうるだろう。オペレーションの課題は現場にあることを念頭に，本部が現場を知り尽くすことこそが銀行一体でのオペレーション改革を進めるための要諦となる。

②　オペレーション領域の将来像

　銀行内で効率化や生産性向上がある程度達成されたら，次はどのような状態を目指すのだろうか。オペレーションを銀行業務に付随する書類の点検，入力，確認作業とすると，大前提としてオペレーションは非競争領域であり，銀行からはなるべくなくしていくべき業務であり，オペレーションが存在しない状態が究極的に目指す姿となる。

　銀行内で点検・入力・確認作業を行わないためには，顧客側で入力した情報がそのまま銀行の勘定系システムに流れて処理されるといった，インターネットバンキングの仕組みを拡大していくことが必要である。そうすれば紙での情報授受がなくなり，銀行側でのオペレーションは不要となる。では，なぜ紙が

なくならないのか。これは商習慣・法律面の問題，銀行側の問題と顧客側の問題がある。

(a)　紙廃止の阻害要因

(i)　商習慣・法律面の問題

　金融機関では契約の有効性を担保するために押印した書面を徴求しており，それが紙廃止の障害となっていた。しかし，新型コロナウイルス感染症の拡大によりテレワーク導入の機運が高まる中，政府の規制改革実施計画（令和2年7月17日閣議決定）では，書面規制・押印，対面規制の見直しに関する実施事項が示された。これを踏まえ，金融業界と関連省庁が連携して「金融業界における書面・押印・対面手続の見直しに向けた検討会」が立ち上がり，全国銀行協会からは，「あらゆる取引の電子化」を目指す姿とし，今後も各銀行および全銀協として取り組みを進めることが銀行業界全体の対応方針として示されている（参考：金融庁"書面・押印・対面手続の見直しに向けた論点整理"，https://www.fsa.go.jp/singi/shomen_oin/shiryou/20201225/01.pdf）。

　また，昨今は電子契約のプラットフォームなど，電子化を実現するためのインフラも整いつつあり，犯罪による収益の移転防止に関する法律（犯収法）に基づく本人確認手続もオンラインで完結する方法が認められていることから，商習慣・法律面の問題は徐々に解決されていくと考えられる。

(ii)　銀行側の問題

　銀行側の問題としては，電子化のメリットを顧客に示すことができていないということがある。インターネットバンキングがより普及して窓口の利用が減れば，窓口の人件費が不要となるため手数料が下がるはずであるが，現実的には窓口とインターネットバンキングが並存しており，手数料の引下げにつながっていない。インターネットバンキングで利用できるサービスを拡大し，窓口を極小化することで手数料を下げることが必要となる。また，インターネットバンキングへの移行を促すためには，これまで窓口に帳票を持ち込んでいた顧客を取り込むためのUIの改善も継続的に行っていく必要がある。

　加えて，銀行業界としては各銀行が使っているITシステムが異なるため，

顧客から徴求する帳票や情報が銀行ごとに異なるという問題がある。複数の銀行と取引している企業からすると，各銀行所定のフォーマットに毎回それぞれ入力することは業務上のムダであり，それであれば顧客が独自に制定した帳票で各銀行に処理してもらったほうが効率的ということになる。顧客制定帳票は少量多品種のため，システム化を阻害している。

(iii) 顧客側の問題

商習慣・法律面の問題や，銀行側の問題が解決されたとしても，顧客がそれに納得しなければ紙をなくすことは難しい。現時点では紙でのやりとりを好む顧客が一定数存在することは間違いないが，これはUIの向上，セキュリティの確保を進めながら，時間をかけて訴求していくことに加えて，電子化に伴う金銭的メリット（もしくは紙を残すことの金銭的デメリット）を付加することで，インターネットバンキングへの移行を促すことが必要となる。

一般的に個人取引は電子化が進んでいるものの，法人取引は取扱金額の大きさや，これまでの取引経緯から電子化が進んでいない傾向にあり，法人取引をいかに電子化していくかが大きな論点となる。例えば，前述の「金融業界における書面・押印・対面手続の見直しに向けた検討会」によると，法人顧客のうちインターネットバンキングを契約している法人顧客の割合が30％未満である銀行が8割程度を占めている。中小企業はそもそもデジタル化が進んでいないという背景があるため，利便性や金銭的なメリットを訴求しながら，インターネットバンキングの利用率を向上していく必要がある。

(b) 過渡期におけるオペレーション像

最終的には紙をなくすことで銀行からオペレーションをなくすことが到達点だとしても，一足飛びにそこまで行くにはまだまだ時間がかかる。紙が残っている状態でいかに銀行からオペレーションを効率化するかという暫定的な対応の検討も必要である。紙が残っているということは，誰かがその情報をシステムに入力しなくてはならないことを意味する。現在は銀行の事務センターや営業店がその役目を担っている。「事務センターに集約する」「営業店に分散する」，この集約と分散という考え方をもう少し推し進めて考えてみる。

(i) 集　約

　集約は今でも盛んに実施されている効率化手法であるが，もっと対象を広げて，各銀行で徴求した紙を一括して電子化するような，銀行を跨いだ共同電子化センターを構築することも検討の余地がある。各銀行の帳票がバラバラの状態ではなかなかコストメリットが得にくいが，徐々に帳票を共通化すれば運営コストが下がっていくため，銀行側にも推進するインセンティブが働く。共同センターは地域で構築してもよいが，顧客から受け取った帳票をすぐにスキャンして送るような業務フローにすれば，さらに広域で構築することも可能である。

　一方で，共同電子化センターにすることによって発生するリードタイムは考慮が必要である。現在，通常は事務センターで処理するような事務であっても，顧客要望による緊急対応のために営業店で打鍵処理をしているケースが存在する。このような取引を一律で共同電子化センターに移管すると顧客利便性が低下してしまうおそれがあるため，センター処理でも一般レーンと特急レーンを分けるなど，時限性のある取引への対応ルール・体制を整備しなければ，営業店の事務が引き続き残ってしまうこととなる。

　共同電子化センターは，帳票の標準化が進むまでは単純にオペレーションをする場所の賃料・オペレーターの賃金差だけが効率化効果となるため，賃料・賃金が比較的高額な都市部の銀行にとって意味のある施策となる。

(ii) 分　散

　賃料と賃金が相対的に低い地域においては，集約することのメリットが出にくいため，既存の分散したリソースをどう有効活用するかを考える必要がある。

　各営業店の要員は業務量のピークをさばけるような人数で配属されているため，通常時はアイドルタイムが発生していることが多い。このアイドルタイムを全営業店のオペレーター分に換算するとかなりの量になる。このように自店の業務だけを行うことを前提としていると，分散すればするだけ効率が悪くなっていくが，店を跨いでオペレーションを行えるようにすることで繁閑調整が可能となる。ロケーションは別々でもオペレーションを一括で管理することで，あたかも集約を行ったかのような効果を得ることが可能となるため，分散

＝バーチャル集約ともいえる。

　このように，それぞれの銀行の置かれた状況によって，集約と分散を使い分けていくことが重要である。

（4）データ領域

① 「データの民主化」を目指せ

　金融はシステム産業ともいわれ，従来業務上大量のデータを扱ってきた業界であるが，データ蓄積や分析に関わるテクノロジーの発展を背景に，近年さらにデータ利活用への注目度が高まっている。メガバンクや一部の大手地銀ではデータ利活用を経営方針として掲げ，データ分析によって得られるインサイトをビジネスに活用する段階にある一方，多くの地銀はこれに追随する形でこれからデータ利活用の高度化に着手しようとしている，または着手を考えている状況だ。このような動きの中，金融業界のデータ利活用は，経営観点での現状把握，および審査やリスク管理等の「守り」から，最近は一歩進んだ顧客の行動予測といった「攻め」へと広がりを見せている。

【これまでのデータ利活用ユースケース例】

- 経営向けの計数報告や分析
- リスク評価
- 不正検知

【最近のデータ利活用ユースケース例】

- 金融商品リコメンド
- 法人顧客の資金繰り予測
- 顧客の感情分析
- 行員の行動分析

　取り扱うデータについても，これまでは顧客属性や取引履歴といった自社が保有する構造化データが中心であったが，議事録や訪問履歴のようなテキスト

データや電話，面談の音声・動画データといった非構造化データまで扱えるようになってきた。加えて最近は社内のデータにとどまらず，消費行動やSNS衛星画像のような外部データの活用も検討されつつある。データの幅を広げることにより，現状把握や予測分析の精緻化，マネタイズといった業務領域の拡張を図っている。

　このように，データ利活用の機運が高まってきているものの，データの使いやすさの確保や，人材不足でつまずく地銀も多い。地銀からは，経営等に向けて報告するためにシステムに散在するデータを集めて加工することに時間がかかるという話をよく聞く。具体的には，データを集約するデータウェアハウスはあるものの必要なデータが見つかりづらい，データの信頼性が低いといった課題を抱えていたり，そもそもデータウェアハウスのようなデータを蓄積する仕組みを持っていなかったりという状況にある。結果としてデータの収集や加工に忙殺され，一歩踏み込んだ分析を行うところまでには手が回らない。また，現場もデータを業務の高度化や改善に使う観点に馴染んでおらず，やり方がわからないためなかなか進まない。

　つまずきのもとである小石を取り除きデータ利活用を促進するためには，データのアクセシビリティ対応，つまりデータを誰もが使いやすい形で社内に提供することは重要なポイントとなる。アクセシビリティのためには，データを集約し加工をサポートするインフラの整備に加え，業務ユーザーが適時適切に使えるよう，データの意味定義がわかるようにするとともに，データ品質を向上，維持する仕組み作りが重要となる。組織，業務，インフラそれぞれを整備して使いやすいデータを提供する枠組みはデータマネジメントと呼ばれ，メガバンクで整備が進んでいる状況に鑑みると，今後地銀でも進んでいくことが予想される。

　国内外の金融機関では，**図表4-2-11**にあるコンポーネントを整備することによりデータマネジメントを実現している。具体的には，全体統制に係るデータガバナンス，データの配置やフローの方針を示すデータアーキテクチャ，データの意味を定義するメタデータ等からなる。

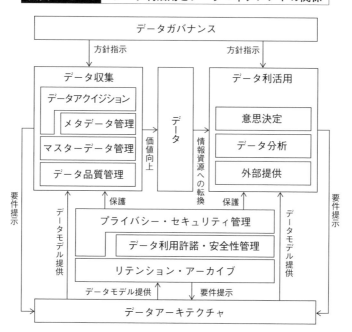

図表4-2-11 データ利活用とデータマネジメントの関係

- データガバナンス
  データを常時利用可能な状態に維持管理するため，全社におけるデータマネジメントの方針やルール，CDO（Chief Data Officer）やDMO（Data Management Office）など役割・責任を定義し，実行に向けた計画策定や指揮運営を行う。
- データアーキテクチャ
  システム全体を俯瞰したあるべきデータの配置やフローを定義し，システム設計指針を整備する。
- データアクイジション
  ユースケースにあった社内外データを探索する。
- メタデータ管理
  データの意味定義や属性情報を可視化し，関係者間の認識共有を促す。

- マスターデータ管理

  業務やシステムを横断して使用するマスターデータを統合管理し，システム間のデータ連携や業務・拠点を横断したデータ分析を容易にする。

- データ品質管理

  データ品質に係る課題（欠損値，不整合など）を解消し，データの正確性や網羅性を担保する。

- リテンション・アーカイブ

  必要なデータを随時利用可能とするため，データの保有期間，保有方法を適切に定義する。

- プライバシー・セキュリティ管理

  システムとデータの安全性確保のために，データの不正アクセス，漏洩，改ざんなどの脅威から守る。

- データ利用許諾・安全性管理

  データ利用ポリシーを策定する。またデータの利用許諾を管理し，逸脱した利用がされて，レギュレーションおよびレピュテーションリスクにさらされないように管理する。

　大手金融機関では，データ利活用のユースケースおよび国内外の法規制を考慮しながら，時間をかけてデータマネジメントを整備しているが，地銀では限定的なリソースでいかに効果的な管理を実現するかが重要だ。取り組みを通じて達成したいこと，つまり自社が解決すべき課題を明確化し社内で共有したうえで，成果に直結する領域に注力することが必要になろう。場合によっては当初実現するデータマネジメントの枠組みやデータウェアハウス等のインフラは部分的になったとしても，成果を早期に実感する進め方にすべきである。具体的な進め方がどのようなものになるか，以降で考えたい。

②　データ利活用の促進はビジネスドリブンで

　前述のとおり課題解決に向かってデータを集約し，使いやすくなるよう管理することは重要であるが，膨大なデータとの対峙や体制作りは並大抵でなく，ともするとインフラやデータマネジメント枠組みといったケイパビリティの整

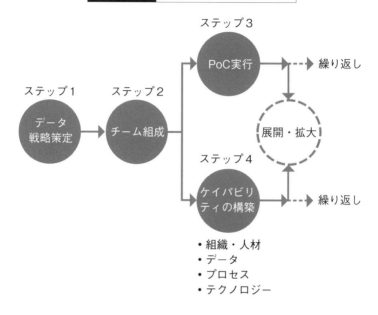

図4-2-12　データ利活用アプローチ

ステップ3
PoC実行
繰り返し

ステップ1　　ステップ2
データ戦略策定　　チーム組成
展開・拡大

ステップ4
ケイパビリティの構築
繰り返し

・組織・人材
・データ
・プロセス
・テクノロジー

備そのものが目的化しかねない。着実に成果を出すためには，ビジネス上の目標であるデータ利活用のユースケースの実現に向かってアプローチすることが重要だ。また，データ利活用の土台となるケイパビリティを整備してからユースケースを実行するという進め方をとると，ビジネス上の効果がなかなか感じられずにROIのプレッシャーに悩まされる懸念もあり，ユースケース実行で成果を刈り取りつつ，これにあわせて必要なケイパビリティの整備を少しずつ進めていく方法が効果的だ。以下が具体的な4つのステップとなり，参考とされたい。

(a) ステップ1：データ戦略策定

データ戦略とはわかりにくい表現であるが，データ利活用によって実現したいビジネス利益とその実現方法であり，ビジネス戦略やテクノロジー戦略と密接な関係にある。データ戦略では，データ利活用のビジョンを提示し，これに従いどのようなデータを使い，どのようなビジネス収益を実現したいか，ユー

スケースまで落とし込む。

　検討するうえで重要なポイントを2点ほど挙げておく。まずは，経営陣によるトップダウンでの推進体制である。データ利活用の難しい点は，着手前にどれだけの効果が出るかわからない点にあり，暗中模索での取り組みを円滑に進めるためには経営陣がビジョンや重要性を組織内に発信し，活動をリードすることが必須である。さまざまなユースケースに取り組む中で想定どおりの結果が得られないケースが発生することが予想されるが，周囲の理解が得られずに取り組みが停滞するきっかけになるかもしれず，経営陣のサポートが欠かせない。次に重要な点としては，実行したいユースケースを洗い出すとともにその優先順位を明らかにつけることである。なるべくビジネスインパクトの大きいユースケースを早く安く実行して早期に成果を上げることにより，社内の関係部署にプロジェクトが有意義であることを理解してもらうことができ，結果として円滑なプロジェクト推進につながる。

(b)　ステップ2：チーム組成

　データ戦略を責任をもって実行するチームを，役割および必要スキルを明確にして適したリソースを集めて立ち上げる必要がある。このようなチームが担う役割は，経営向けのレポートはもちろん，それ以外にステップ3，4のプロジェクトへの関与，R&Dや人材開発，ベンダー管理などが一般的にあり，データ利活用推進チームがどこまでの機能を担うか企業によっても役割はさまざまである。地銀におけるリソース状況に鑑みると，例えばITやビジネス部門との協業体制を敷いて，優先度の高いユースケースから小さく始めるという案が考えられる。地銀から聞かれる課題として，企画や社内調整は保持するものの，分析スキルが十分でない点がある。育成に力を入れている金融機関もあるが，スピードを重視する場合は社外調達も有効であろう。

(c)　ステップ3：PoC実行

　データ戦略に基づき洗い出したユースケースについて，PoCを通じて実現可能であるか，想定している効果を得ることができるか，検証することが必要となる。データ利活用に限らず新サービス検討においてPoCを身近なところで実

施している例も多いと思うが，データ利活用領域ではAIモデル構築が密接であり，モデル精度の確認のためにもPoCが必要なケースも多くなってきている。実データで分析を試行してデータ理解と仮説検証とを行い，その分析の活用シーン，システム化計画の具体化が求められる。

(d) ステップ4：ケイパビリティの構築

　データ利活用の展開に向けては，先述のデータマネジメントをはじめとした分析ケイパビリティを整備して自社内への浸透を後押しすることが欠かせない。ケイパビリティとして求められる要素としては，データマネジメントの枠組みによる使いやすい「データ」のほか，分析スキルやそこからインサイトを引き出す業務知見を備えた「組織・人材」，課題設定から効果測定までの一連の「プロセス」，分析やデータエンジニアリングをサポートする「テクノロジー」がある。これらのケイパビリティをビジネスの優先度にあわせて整備する。

（5）システム領域

① 地銀におけるシステム領域の現況と課題

　DXの急速な進展は，IT部門が主として担当する，いわゆるシステム領域に新たな課題を課しているといえる。モバイルアプリケーション，クラウドやアナリティクスなどといったデジタル技術を検討すると同時に，業務システムの企画，開発，運用保守やITガバナンスといった従来からのIT業務，またそれを支えるITアーキテクチャや組織・人材といった領域においても，これまでの施策推進や課題解決に加え，DXに対応した変革や新たな取り組みが求められる局面が増えているといえる。

　これからのシステム領域全般に求められる要件としては「さまざまなニーズ，変化を捉える」「つながって価値を広げる，柔軟に拡張していく」「早期，タイムリーなリリース」「作る，保有から利用へ」といったことが挙げられる。すなわち，CIOをはじめとするIT部門の位置づけが，DX時代においては，「Builder of technology」と「Builder of the business」という2つの役割を果たす必要があるといえる。

図表4-2-13 これまでとこれからのITの特徴

特徴	コアビジネスを支えるIT	ビジネス変革に向けたIT
対象システム	勘定系を含む基幹系，情報系	DXを実現する各種ソリューション，ツール等
推進主体	IT部門中心	ビジネス部門とIT部門の協働
ソーシング/エコシステム	リレーションのあるベンダー中心	DXや技術トレンドに対応する最適なパートナー，アライアンス
重視する特性	効率性，堅牢性，安全性	利用性，即時性，柔軟性，拡張性
IT投資・費用	業務遂行および運用・保守向け中心	ビジネス成長向けおよび戦略的なIT投資中心

　またDXやフィンテックの潮流の中で，特にユーザーへの利便向上，アプリの進化を契機として，APIによる外部との接続や金融機関の複数システムの連動，さらにはビッグデータやクラウドサービスの活用等の要件が高まっている。同時にリスク面の見地から，サイバーセキュリティやデータ管理を考慮した体制やガバナンス整備の一層の必要性が高まっているといえる。

　電算化や業務効率化を中心とした従来からの「デジタライゼーション」と，データを駆使した付加価値の創造やビジネスモデルの変革を指す「デジタルトランスフォーメーション（DX）」へと変遷している中，「コアビジネスを支えるIT」と「ビジネス変革に向けたIT」の両面への対応が求められるといえる。

　システム部門においては日々の企画，開発，運用保守業務に加え，ITひいてはデジタルのトレンドのキャッチアップ，ビジネス部門とのさらなる連携，将来を見据えたITアーキテクチャやITマネジメントの検討が急務になっている。よって，中長期的な経営戦略と整合をとったIT中長期計画を定め，管理の枠組みや組織・体制を整備していくことが求められている。

②　IT戦略のあり方

　では，システム領域における改革をどう進めるかであるが，まずは経営戦略およびDX戦略を受けて，IT戦略を策定，また精緻化する必要があると考える。直近の施策推進に加え，中長期的な観点，将来像を描いたうえでの計画化を念

156

頭に，次のステップでの検討が必要と考える。

(a) Step 1：ビジョン策定

　グループおよび単独行における戦略上の必須事項となる，ビジョン，ミッション，ドメインを設定，明確化する。

【論点】

- 誰に対して価値を創造するのか（顧客，企業，従業員，コミュニティなど）
- IT戦略のビジョンと企業戦略，ビジネス戦略はどう関連するのか
- 業務とITにとって，どのようなビジネス機会が存在するか
- ビジネス機会の中で，どこでテクノロジーが最も価値を発揮できるか
- ビジネス機会に対し，どのように優先順位をつけるべきか
- 業務オペレーションと価値創造のバランスをとるために，テクノロジー組織の目標をどのレベルに設定すべきか
- ビジネス機会の扉を開くためにどのようなパートナーシップをとるべきか

(b) Step 2：トランスフォーメーション検討

　ビジョンに平仄をとる形で，プラットフォーム，ケイパビリティ，マネジメントの3つの観点でのトランスフォーメーション，変革の具体を検討する。

図表4-2-14　IT戦略全体像と検討事項

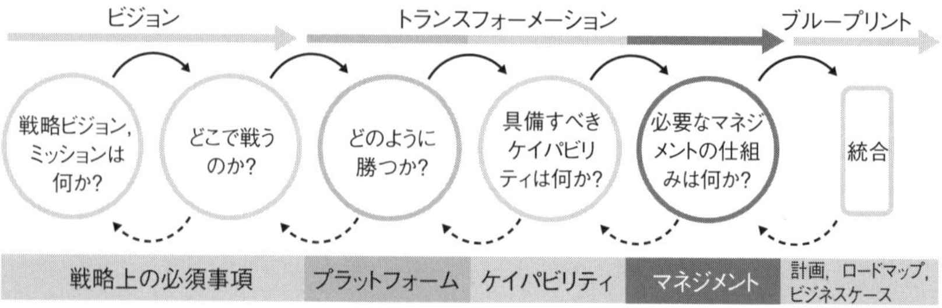

（ⅰ）　プラットフォーム

　地銀において経営効率化は重要な経営アジェンダであり，ITシステム領域への投資抑制を進めてきた結果，システムの共同化や外製化，多少無理のある延命等がこれまで多く行われてきた。その弊害として，ITシステムにおけるブラックボックス化，技術面の老朽化，システムの肥大化・複雑化等が現在顕在化し始めている。結果として，高コスト構造のレガシーシステムが要因となり戦略投資に資金・人材を振り向ける余地が低く，DXの足かせになっている状態が多数みられる。

　DXを進めるうえで，データを最大限活用すべく新たなデジタル技術を適用していくためには，既存のシステムをそれに適合するように見直していくことが不可欠であり，ビジネス機会の扉を開くためにどのテクノロジーやプラットフォームを選択すべきかを，中長期的な視点で具体化および施策へ落とし込んでいくことが必要である。

【論点】

- 勝つためにはどのような機能，ツール，インフラ，サービスを構築，獲得すべきか
- 全体を俯瞰したうえで，新しい要件や技術トレンドをどう取り込んでいくか

（ⅱ）　ケイパビリティ

　非常に魅力的で挑戦的なビジョンを打ち出したにもかかわらず，人材体制整備やムーブメント醸成ができず絵に描いた餅となってしまうことが，地銀において長らく散見されている。昨今のデジタル技術発展や先進他行動向へのキャッチアップはそう簡単なものではないうえ，現場では大成功を狙うよりも失敗をしないことを重視する文化が非常に広い範囲で深く根づいており，安全安心なオペレーション（過去実績のある安全安心な実施施策）へと落とし込まれがちなことが作用していると考えられる。

　こうしたことへ対抗するためには，一朝一夕には実現の難しい組織能力・機能，陣容について向き合っておく必要があり，抜かりなく先んじて取り組んでおく必要がある。

【論点】

- 必要なケイパビリティを定義する最善の策はどのようなものか
- どのような部署や人材等がどの程度，いつ頃までに必要となるか
- 必要な人材やパートナーエコシステムをどう捉えるか

(iii) マネジメント

昨今ではITシステムの信頼性や行員による不適切な行為がニュースとして取り上げられることも多く，金融庁等からの新たな対応が検討され，世間からの注目も高まっている。組織の各種制度，基準，実施手順等を定めることでリスクを組織的に管理することでガバナンスを利かせると同時に，経験やナレッジを組織に蓄積・活用し，DXに係る実施施策の品質担保，結果精度の底上げ等を実現する手法の確立に地銀各行は苦慮している。

IT組織のミッション，アクティビティ等の全体を捉えたうえで，管理・モニタリングすべき事項の特定と，異常検知や改善実施ができる仕組みの構築が必要である。

また，IT投資・コスト管理に一層の高度化が求められることとなる。

【論点】

- どのようなKPI，ガバナンスプロセスが必要か
- 投資やコストをどのように管理していくべきか
- 円滑な変革を確実にするために，何をすべきか

(c) Step 3：ブループリント

ここまでの検討を踏まえて，指針の明文化，ロードマップとしての計画具体化，施策方向性や各施策の概要整理と次工程の体制組成などの備えを含め，ブループリントとして整理し，IT中長期計画として取りまとめることになる。

【論点】

- IT中長期計画として掲げる項目，着眼点とは何か
- 経営・事業計画のローリングや環境変化・テクノロジートレンドとの平仄がとれているか
- 組織への浸透と実施コミットメントが伴っているか

推進のうえで留意するのは，上記ステップ1〜3での各種事項において相互の整合性を継続して担保することである。検討を進める中で具体化が進む，課題が識別される，競合動向や環境変化により新たな要件に対応する，などの都度，各ステップでの検討を見直し，整合を保持することが肝要である。

③　システム領域の具体課題と方向性

本項では，検討課題の具体と解決の方向性を示していくが，まずは地銀における情報システムを俯瞰し，主要な検討課題を整理したものを確認していただきたい。当社フレームワークでは，情報システムの全体をアーキテクチャおよびITガバナンスの2つの領域で捉えている。

IT戦略のあり方のStep2：トランスフォーメーション検討における「プラットフォーム」でアーキテクチャ領域を，「ケイパビリティ」「マネジメント」でITガバナンス領域の検討をする，という対応になる。

全体としては図表で示すものが検討すべき主要課題となるが，今回は下記のとおり，プラットフォーム，ケイパビリティ，マネジメントにおける主要項目についていくつか見ていく。

なお，人材に関する諸点については別章を参照いただきたい。

⒜　Step2：トランスフォーメーションにおける検討

（ⅰ）　アーキテクチャ領域の検討

【論点：次世代システムはどうあるべきか】

多くの金融機関は，勘定系を中心とした基幹システムによって中核的な業務サービスが提供されている。基幹システムは，大規模システムであるがゆえにタイムリーに更改することが困難であることが多い。世間や規制当局からのニーズや要請が，業務の堅牢・堅確さを求められることに加え，新たなビジネス創出や顧客体験の提供に対する迅速な対応が求められている中，これまでのように基幹システムに手を入れ対応するといった経営判断を迅速に行っていくことは難しく，このレガシー資産となったシステムの取扱いに頭を悩まされている。

これらを解決するために，これまでのようにモノリシックに考えられていた

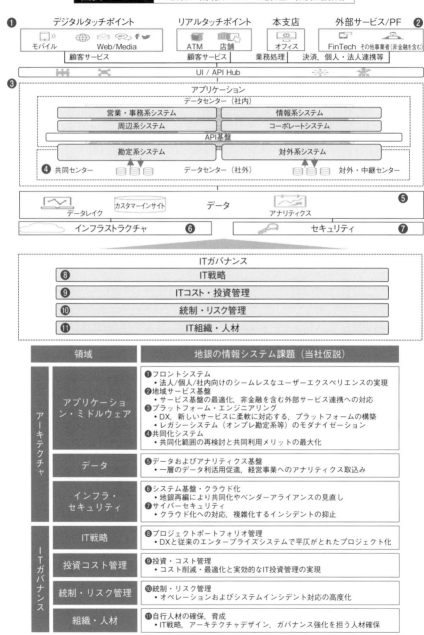

図表4-2-15　地銀の情報システム課題（当社仮説）

	領域	地銀の情報システム課題（当社仮説）
アーキテクチャ	アプリケーション・ミドルウェア	❶フロントシステム ・法人/個人/社内向けのシームレスなユーザーエクスペリエンスの実現 ❷地域サービス基盤 ・サービス基盤の最適化，非金融を含む外部サービス連携への対応 ❸プラットフォーム・エンジニアリング ・DX，新しいサービスに柔軟に対応する，プラットフォームの構築 ・レガシーシステム（オンプレ勘定系等）のモダナイゼーション ❹共同化システム ・共同化範囲の再検討と共同利用メリットの最大化
	データ	❺データおよびアナリティクス基盤 ・一層のデータ利活用促進，経営事業へのアナリティクス取込み
	インフラ・セキュリティ	❻システム基盤・クラウド化 ・地銀再編により共同化やベンダーアライアンスの見直し ❼サイバーセキュリティ ・クラウド化への対応，複雑化するインシデントの抑止
ITガバナンス	IT戦略	❽プロジェクトポートフォリオ管理 ・DXと従来のエンタープライズシステムで平仄がとれたプロジェクト化
	投資コスト管理	❾投資・コスト管理 ・コスト削減・最適化と実効的なIT投資管理の実現
	統制・リスク管理	❿統制・リスク管理 ・オペレーションおよびシステムインシデント対応の高度化
	組織・人材	⓫自行人材の確保，育成 ・IT戦略，アーキテクチャデザイン，ガバナンス強化を担う人材確保

システムを，顧客接点に近い柔軟性・機動性を重視したSoEのシステム領域と，金融機関のコア業務を担い堅牢性・堅確性を重視したSoRのシステム領域に区分して考えていくことが多い。

　SoEの領域では，基幹システムやその他のシステムからの影響を受けにくいよう，疎結合化させたアーキテクチャのもとサービス提供を行おうとすることがある。CRMなどで外部ベンダーのサービスがメジャーになったり，周辺の便利な外部サービスを提供する企業が現れたり，サービス活用するという観点も相まって，古いものを捨て新しいものに置き換えていくことが進んでいる領域でもある。

　また，社内外の他のサービスからも使われやすいようにサービスとして切り出してAPI化させ公開するような取り組みも進み始めている。これらはレガシーなシステム群が近代化されることを待つことができない中で，いかに既存資産を活用してビジネスを推進させるかという観点も多分に含まれていると考えられる。マイクロサービス化させ，より柔軟に価値提供を行うための部品が整えられているのもこの領域が主流であろう。

　金融機関内外でこのように新しい動きがあることから，SoE領域ではいち早くデジタル化の波にさらされモダナイゼーションが進みつつある。これまでに金融機関が取り組んだ新サービスは，こういった顧客接点に近い領域であるフロントオフィスやカスタマーチャネルを中心としたものであり，これからも一層進んでいき新しいサービスを生むべき領域である。

【論点：勘定系をどう変革すべきか（SoR領域）】
　一方，今後革新的な商品・サービスを提供し続けていくためには，これまでのように大規模な新規サービス・サービスを提供するたびに基幹システムに手を入れないで済むよう，SoRの領域も何かしらの手当てを行う必要が出てくることも想定される。現に，基幹系システムのアーキテクチャは，従来のモノリシックなものからサービス指向型（SOA）やマイクロサービスをベースとした，より柔軟性や機動性を確保できるように変化してきている。

　しかしながら，その領域にあるレガシー資産のシステムでは，文書化されていない膨大なカスタマイゼーションや，COBOLやメインフレームなどの旧来

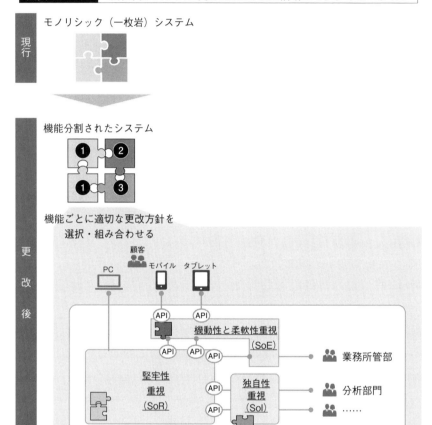

図表4-2-16　次世代システムに向けたSoE/SoR領域のモダナイゼーション

現行

モノリシック（一枚岩）システム

更改後

機能分割されたシステム

機能ごとに適切な更改方針を
選択・組み合わせる

顧客
PC　モバイル　タブレット

機動性と柔軟性重視
(SoE)

堅牢性
重視
(SoR)

独自性
重視
(SoI)

業務所管部

分析部門

……

　テクノロジーのスキルを持つ要員の減少などの問題にも直面しており，金融機関はレガシー資産の近代化が必要だと認識しているものの，莫大な投資・時間・労力を要することから着手できていないのが実情であったのではないだろうか。

　では，レガシーシステムの近代化を通じたDXを加速させようと考えた場合，どのような選択肢がとりうるであろうか。

① **Replace/リプレイス**

　既存のプラットフォームを最新かつ近代的なソリューションに切り替える。この取り組みにより，ビジネスニーズへの対応を加速させることが可能となる。

② **Augment/増強**

　既存プラットフォームでは提供されていない高度なニーズを満たす新たなプラットフォームを並列して構築する。この取り組みにより，既存の商品やサービスを維持しながら，迅速な変革を目指すことが可能となる。

③ **Re-factor/リファクター**

　勘定系システムプラットフォームのプログラム資産を，既存機能を変更することなく，近代的な技術へ（例：COBOLからJavaへ）置き換える。この取り組みにより，可読性・保守性・拡張性が向上させる。また，潜在的ではあるが，プラットフォームのクラウド対応へ備えることにもつながる。

④ **Re-Platform/リプラットフォーム**

　アプリケーション機能，もしくは採用技術の変更を最小限としつつ，既存のプラットフォームのアップグレードや新たなプラットフォームに移行する。この取り組みにより，変革実現に要する対応を最小限に抑え，その先に控えるアプリケーション機能の大きな変革への足掛かりを作る。一方でアプリケーション機能などは変更しないことから，取り組み自体において新たなビジネスニーズに対応するものではない。

図表4-2-17　レガシーモダナイゼーションの判断軸

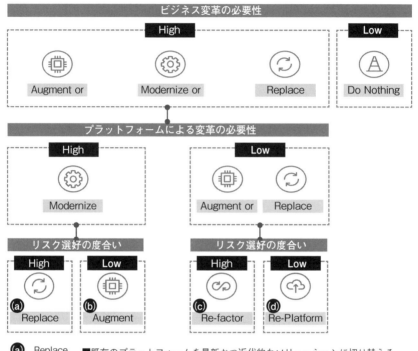

(a) Replace
- ■既存のプラットフォームを最新かつ近代的なソリューションに切り替える。
- ■ビジネスニーズへの対応の加速につながる

(b) Augment
- ■既存プラットフォームでは提供されていない高度なニーズを満たす新たなプラットフォームを並列して構築する。新しいプラットフォームは差別化されたソリューションを構築し、既存プラットフォーム機能の一部は移行対象となる
- ■既存の商品やサービスを維持しながら、迅速な変革を目指す場合には革新的な選択肢となる

(c) Re-factor
- ■勘定系システムプラットフォームのプログラム資産を、既存機能を変更することなく、近代的な技術へ（例：COBOLからJavaへ）置き換える
- ■可読性・保守性・拡張性が向上し、潜在的ではあるが、プラットフォームのクラウド対応へ備えることにもつながる

(d) Re-Platform
- ■アプリケーション機能、もしくは採用技術の変更を最小限とし、既存のプラットフォームの小規模なアップグレード（例：バージョンアップ）によってプログラム資産を移行。
- ■取り組みによる影響を最小限に抑え、将来の大きな変革への足掛かりを作るが、取り組み自体は新たなビジネスニーズに対応するものではない

【論点：外部サービス・クラウド活用はどのようにあるべきか】

　企業内ですべてのリソースを保持・所有するのでなく，外部サービスを有効活用することで市場変化に柔軟に対応できるようにしておくことも，DX実現を支えるITに強く求められている。自社のビジネスに必要な時に必要なサービスを必要な期間だけ利用することができ，かつ早期にサービス提供を実現することができるパブリッククラウドなどがより有効となる。

　では，保有から利用を促進するために必要なケイパビリティはどのようなものであろうか。どのようなシステムを外部サービス活用して実現するべきか「判断基準」のもと移行し，移行後は「外部サービスならではのコントロール」をすることが求められる。

　外部サービスの「判断基準」として，クラウド化判定の考え方を定めることが有用と考える。判断基準には，ビジネスの適合性，アプリケーションの活用可能性，データの重要性，インフラ基盤の拡張有無など総合的に判断することが必要になる。堅牢・堅確なサービス提供にあたっては自社コントロールが効きやすい環境が望まれることもある一方，柔軟にサービス展開を考えるにあたっては早期に立上げ可能なクラウドなどの外部サービス活用が望ましい場合もある。また，データを外部に置くことに対して，センシティブになる場合もあるだろう。金融業界は社会インフラとしての存在意義の側面から，データの漏洩やシステムの不具合は風評被害に遭うことが多いため，データの性質や特徴ごとのリスクを明確化し考え方などを整理しておくことが望ましい。

(b)　ITガバナンス領域の検討

【論点：早く市場に出すために何をすべきか】

　オンラインサービスの活用が盛んになっていることで，消費者の興味を惹くサービス提供や顧客体験価値を高めることを意識しているプレイヤーは他業種には多い。利便性の高いサービスや使いやすいUIなどに慣れ親しんでいる消費者をつなぎとめ，また新しく呼び込んでいくためには，消費者が求めているニーズをスピード感をもってローンチし続けていくことが，DX実現を支えるITに強く求められている。Time to Marketを最短化させる開発スキームの導入や，開発工程を繰り返し実行するための自動化ツールの導入などが，その実

現手段となりうる。

　では，早く市場に出すために必要なケイパビリティとはどのようなものであろうか。「意思決定を早く」し，継続的な改善を行うためにはビッグバンではなく，「頻度の高いリリース」を「適切な開発体制」にて「極力自動化された開発」をしていくことが必要ではないだろうか

　「意思決定を早く」するためには，承認プロセス・権限委譲と投資予算管理を見直すことが考えられる。従来であればプロジェクトベースでの予算管理・投資決済が行われていると思われるが，プロダクトベースに移行し顧客ニーズに即座に対応できるような意思決定を行えるようプロダクトオーナーに権限移譲し，その権限の中で予算執行をすることも一考と考える。

　「頻度高いリリース」を実現するためには，一度のリリースですべてを完結させるのではなくMVPなどの考えにある実用最小単位のプロダクトを複数回にわたり継続的にリリースしながらサービスを構築するアプローチを採用することが考えられる。また，そのような場合には，品質評価やリリース判定の基準を一定程度省略したり主体者への権限移譲で対処する必要も出てくる。

　常に外注のみを選択していると，開発のたびに受発注のリードタイムなどがかかり迅速なサービス提供ができない。そのため，内製化・外注の使い分けなど「適切な開発体制」で行うことも必要になると考えられる。堅牢・堅確なシステムを安定稼働させるためには，技術力の高い外部ベンダーに委託しシステム開発を行うことでサービス品質を高めることも考えられてきたが，さまざまなサービスアイデアを試し消費者の反応を試しながら継続的に開発を進めていくためには，サービス・プロダクトに一定の要員を張りつかせ，内製化で実施することが有効なケースが多いと考えられる。実現するには，内製化基準や内部要員のスキルアップを目指したナレッジマネジメントの仕掛けを見直すことも必要になるだろう。

　「自動化された開発」に向けては，開発リリース環境の整備が必要になってくる。システム開発〜リリースのサイクルを短縮化させるため，DevOpsなどテスト・ビルド・デプロイ自動化ツール導入，各ツールのメンテナンスルール・プロセス整備やそれらを実現するために利用するスキルの育成などを行うことも重要となる。

【論点：投資やコストをどのように管理していくべきか】

　わが国企業のIT関連費用の80%は，現行ビジネスの維持・運営（ラン・ザ・ビジネス）に割り当てられている。

　事業部門がプロジェクトのオーナーシップを持って，仕様決定，受入テストを実施する仕組みになっていない場合や，事業部門と情報システム部門でコミュニケーションが十分にとられていない場合が多く，結果として開発したものが事業部門の満足できるものとならないという状況や，戦略的なIT投資に資金・人材を振り向けられていない状況に陥っている。

　多くの地銀においては，DX文脈やデジタル文脈での戦略的投資計画が半期のビジネスサイクルを軸として考えられていることが多いが，実現期間や投資規模の大きさから，半期という時間軸でビジネス要求にスピーディに応えることは非常に困難である。

　こうした状況に対し，地銀に求められるのは「中長期視点でのIT投資・コストマネジメント」であり，現場からのボトムアップで編成されるIT投資ではなく，掲げるビジョンの実現に向けて目指すべき投資額やその内訳を時間軸に合わせて具体化し，管理・統制することが重要である。

　そのため，投資目的に合わせて現状と計画を具体化し，戦略投資予算（DX投資予算を含む），維持・運用費，といった区分を投資起案から運用に至るまで浸透させることも，必要となる事項の1つとなる。また，管理部門においては，予算執行時に厳しい目で各起案を精査し，場合によっては組織横断的な管理手順や調達の集約といったことにも踏み込むべきである。いわずもがな，これらは十分な経営層との対話を経て理解を得ておく必要がある。

　ここまで，システム領域で対応すべきDXについて主要論点などの概況を見てきたが，実現目的となるビジョンが何なのかを行内ステークホルダーで共通認識化とすることがスタートであり，極めて重要な立脚点となる。システムはDXを実現するうえでの「手段」という側面があり，システム化ありきのデジタライゼーションにとどまらないように視点や視座を上げていくことが重要である。

（6）組織・人事領域の変革

①　人材調達のカギは社内に埋もれている人材のリ・スキル

　デジタル組織運営やDXを推進するために適した人材をどのように集めてくればよいのであろうか。

　ここで興味深い調査データを紹介したい。デロイト　トーマツ　コンサルティングが日本マーケットを対象に調査したデジタル人材志向性調査だ。これは，企業におけるデジタル人材の確保に向け，すでにデジタル領域で活躍するデジタル人材と，今後育成対象となる非デジタル人材の両者の特性と実態を調査したものだ。

　この調査によると，日本の就業者人口約3,000万人のうち，デジタル人材は約367万人存在すると推計され，世の中に12％ほどしか存在していないということが明らかになった。

　そもそもこの程度しか母数がないことや，デジタル人材マーケットが活況を呈していることを踏まえると，外部からの登用だけでデジタル組織を運営するための一定の人数を集めることは難しいといえる。実際に，外部からの人材獲得に苦労している，どのように獲得していけばよいのか，という相談は当社にも非常に多い。

　では，社外のみならず社内に目を向けた場合はどうであろうか。前述のデジタル人材志向性調査によれば，非デジタル人材のうち，デジタル人材に育成できそうな候補（潜在デジタル人材）が，20％程度はいそうなことがわかってきた。

　非デジタル人材をデジタル人材化するために，潜在デジタル人材のうち，行動・意識・特性の合致度と関与意向が高い層から優先的に育成する必要があると想定した場合，該当する層が20％程度存在することが判明した。

　社外からの人材獲得に加え，これらのデジタル人材への適合性が高そうな潜在デジタル人材をいかに早く社内から見つけ出すのか，また見つけ出したうえでいかに早くリ・スキルをしていくのかが重要となる。

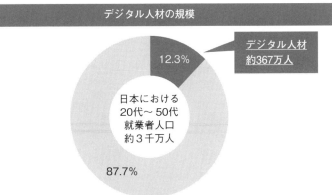

図表4-2-18　日本におけるデジタル人材分布

デジタル人材の規模

12.3%

デジタル人材
約367万人

日本における
20代～50代
就業者人口
約3千万人

87.7%

非デジタル人材　　　　SC調査全体base n=29,167

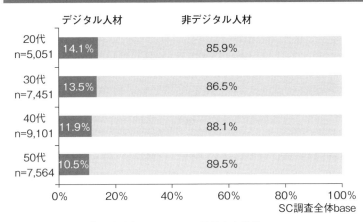

デジタル人材の年代別割合

	デジタル人材	非デジタル人材
20代 n=5,051	14.1%	85.9%
30代 n=7,451	13.5%	86.5%
40代 n=9,101	11.9%	88.1%
50代 n=7,564	10.5%	89.5%

0%　　20%　　40%　　60%　　80%　　100%

SC調査全体base

※　国勢調査の人口動態を踏まえ，アンケート結果から推計
　　日本の就業者人口は，平成27年国勢調査より，日本でフルタイムに働く男女20代～
　50代の就業者（会社役員・正社員・業主）人口を29,848,439名と算出。本調査ではデジ
　タル領域での業務経験がある者を「デジタル人材」と定義している。
Q：あなたが，SoEの領域で過去に経験したことがある業務内容として，あてはまるも
　のをすべてお知らせください。(複数回答)
（出所：DTC「デジタル人材志向性調査」）

② 　社内デジタル人材候補の見つけ方

　社内のデジタル人材候補を発掘するために，先行企業においては以下の方法

図表4-2-19 潜在デジタル人材の分布

デジタル領域に関わる意向

	低	中	高
高	18.9%	**二次的候補** デジタル領域への理解促進と意欲喚起が必要となる 11.9%	**最有力育成候補** 今すぐにでも育成を開始することが推奨される 7.9%
低	38.1%	17.2%	6.0%

デ ジ タ ル 領 域 と の 行 動 ・ 意 識 特 性 の 合 致 度

□ 潜在デジタル人材：19.8%
デジタル人材として育成する候補

【軸の定義】
■ デジタル領域に関わる意向：
「あなたは，職業として，Systems of Engagementに関わってみたいと思いますか？」への回答で3類型化
・高：「関わりたい」「どちらかというと関わりたい」
・中：「どちらともいえない」
・低：「どちらかというと関わりたくない」「関わりたくない」
■ 行動・意識特性の合致度：
志向性とコンピテンシーの分析結果であるタイプ分けをもとに定義
・高：チャレンジ＆合理バランス型，条件付きチャレンジャー型
・低：コミュニケーション重視型，自分らしさ重視型，コンサバ型，高コミット型

（出所：DTC「デジタル人材志向性調査」）

をとるケースがあるようだ。

(a)　社内のデジタル人材育成プログラム（トレーニング等）を通じた発掘

(b)　社内公募型新規事業創出プログラムの選考を通じた発掘

(c)　デジタル人材のケイパビリティと素養（マインド・コンピテンシーなど）を可視化したうえで，上司等からの推薦を受けて発掘

(d)　デジタル人材のケイパビリティと素養を可視化したうえで，アセスメントにより発掘

(a)については，特に近年，全社的なデジタル人材育成プログラム（例：DX概論，データサイエンス基礎，アジャイル基礎等）を実施するため，当社を含めた外部協力企業も交えて各種トレーニングの企画を行うケースが増えてきている。その受講者に対するテストやグループワークを通じ，適性のありそうな人材を見つける手法だ。

(b)については，(a)の方法を公募型の社内新規事業創出プログラムにおいて適用する考え方だ。こういった公募型のプログラムに着手する時点で，「新しいこと」に対するチャレンジ精神を有しているが，その選考の中でメンバーのケイパビリティも見極めることができる。

(c)(d)に共通するのが，組織において求められるデジタル人材の質，すなわちケイパビリティとマインド・コンピテンシーなどを定義・可視化し，この物差しに沿って上司の推薦や，全社的なアセスメントを実施することを通じ，発掘する手法だ。特に最近は，デジタル人材不足が深刻になっていることから，(c)や(d)の方法に関して，当社も相談を受けることが多い。

③　デジタル人材の素養とは

デジタル人材のケイパビリティとはいったい何だろうか。

当社で行ったデジタル人材志向性調査によると，世の中のデジタル人材には**図表4-2-20**のようなペルソナが存在することが明らかになった。

ビジョナリー・チャレンジャー型や成果志向チャレンジャー型は新規事業創出や既存ビジネスの売上向上をミッションとした「プランナー」に多く，自社

図表4-2-20　デジタル人材のペルソナ

特徴	こだわり傾向上位5 （GAP大きさ順）	

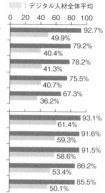

■：デジタル人材全体平均

ビジョナリー・チャレンジャー型

・裁量が大きい中で，本質的な課題解決を行いたいと考える

社員の特性に合わせて手順やルールを柔軟に変更する会社　92.7%／49.9%
知識・スキル獲得には，複数の会社でさまざまな経験を積む　79.2%／40.4%
波風が立ったとしても課題解決を優先する　78.2%／41.3%
個人の活躍が認められ，評価される仕事　75.5%／40.7%
一人で仕事を進めたい　67.3%／36.2%

成果志向チャレンジャー型

・リスクを取り，新しいことへチャレンジするマインドが強い

果敢なチャレンジが評価される会社　93.1%／61.4%
チームプレーが重視され，評価される仕事　91.6%／59.3%
自身のリーダーシップが認められるようにコミュニケーションする　91.5%／58.6%
果敢にリスクを取る　86.2%／53.4%
仕事の手順やルールが細かく決まっている会社　85.5%／50.1%

コラボレーション型

・チームワークを重視し，柔軟な環境で仕事に取り組みたいと考える

いつも周囲と協力して仕事を進めたい　84.9%／63.8%
チームプレーが重視され，評価される仕事　80.5%／59.3%
社員の特性に合わせて手順やルールを柔軟に変更する会社　74.3%／49.9%
知識・スキル獲得には，複数の会社でさまざまな経験を積む　59.7%／40.4%
社会貢献に力を入れ，社会に与える影響を重視している会社　56.4%／32.1%

仕事邁進型

・リーダーシップを重視し，現場の推進に熱心に取り組む

仕事に多くの時間を割ける会社　58.2%／30.1%
強力なリーダーシップの下，物事が進む会社　55.8%／30.7%
信頼と実績があるテクノロジーを活用する会社　54.4%／33.5%
カリスマ的な人材が率いる会社　49.7%／23.8%
仕事とプライベートは，融合させたい　45.1%／23.9%

コンサバ型

・仕事をミスなく着実に進めることに注力し，その能力もある

着実に進める　93.0%／46.6%
仕事を抜かりなく進めることにエネルギーを注ぐ　77.7%／37.3%
着実な成果が評価される会社　75.8%／38.6%
実証済みのアイデアを優先的に使う　72.9%／34.2%
身近な人に「ありがとう」と言われる仕事　71.8%／36.3%

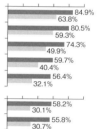
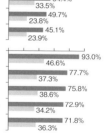

（出所：DTC「デジタル人材志向性調査」）

のデジタル戦略の策定やデジタル組織をリードしていくにあたり，柔軟性やリスクの高いチャレンジに対する評価を望んでいる。コラボレーション型はエンジニアに多く，スクラム開発やデータ・クラウドに関する開発を行っていくにあたり，周囲との協力・チームプレーを大事にしている。仕事邁進型はアーキ

テクトといった職種に多く，仕事への没入や推進していくうえでの制約を排除してくれるリーダーシップの存在を望んでいる。他のデジタル人材とはやや異色なのがコンサバ型で，ガバナンスに関する役割を担う職種に多い。その役割上，「守り」の特性が強くなるものと推察される。

　例えば，上記のような志向性・ペルソナを通じ，各組織独自の素養を定義し，発掘していくことが有用であろう。

④　デジタル人材をリテンション・アトラクションするための戦略

　ここまで述べた社内外のデジタル人材における潮流や特徴を踏まえ，実際にデジタル人材をリテンション・アトラクションしていくための戦略を，人材マネジメントフロー（採用・配置・育成・評価・処遇）に沿って整理したい。

(a)　採　　用

　労働市場の逼迫により難しさのある外部採用であるが，ゆえに採用の仕方について工夫が必要だ。DXを推進していくために，例えば新規事業創出や既存事業の売上拡大を担うプランナーといった職種については，自社ビジネスに関する知見は不可欠である。ゆえに，これら人材は内部育成を前提としつつ，リファラル／ダイレクト採用も活用して，デジタル人材同士のコミュニティから採用を行っていくことが望ましい。デジタル人材の特徴として，自らアンテナを張って同様のスキルや志向性を持った者とSNS等によりネットワーキングしているケースが多い。ゆえに，こういったコミュニティに着目することも1つの手だ。

　また，当社のデジタル人財志向性調査によると，「世の中にインパクトを与えることができる仕事」「新しいテクノロジーの活用にチャレンジする会社」といった環境を望んでおり，社内外からの人材採用力を高めるため，プロジェクトの好事例やロールモデルを積極的に情報発信することも望ましい。

(b)　配　　置

　配置にあたっては，先に述べた人材アセスメント等を通じ，そもそも社内の誰がスキルや意識・行動特性を持っているか，可視化・データベース化するこ

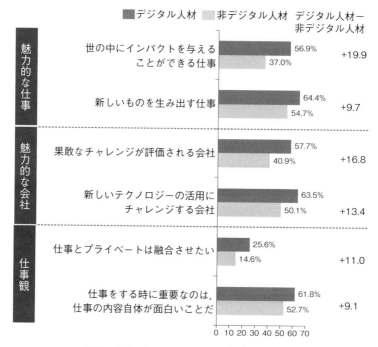

図表4-2-21　デジタル人材の志向性

デジタル人材と非デジタル人材における志向性
（Gapが各カテゴリ上位2項目を抽出）

■デジタル人材　■非デジタル人材　デジタル人材－
非デジタル人材

魅力的な仕事

世の中にインパクトを与える
ことができる仕事　56.9% / 37.0%　+19.9

新しいものを生み出す仕事　64.4% / 54.7%　+9.7

魅力的な会社

果敢なチャレンジが評価される会社　57.7% / 40.9%　+16.8

新しいテクノロジーの活用に
チャレンジする会社　63.5% / 50.1%　+13.4

仕事観

仕事とプライベートは融合させたい　25.6% / 14.6%　+11.0

仕事をする時に重要なのは,
仕事の内容自体が面白いことだ　61.8% / 52.7%　+9.1

0 10 20 30 40 50 60 70

デジタル人材base n=3,587／非デジタル人材base n=15,716

「Q：あなたのお仕事に対する価値観について, 次のそれぞれの項目はAとBど
ちらに近いですか？／Q：あなたにとってより魅力的と感じる会社は, AとBど
ちらに近いですか？／Q：あなたにとってより魅力的と感じる仕事は, AとBど
ちらに近いですか？」の設問に対し, それぞれ回答者の志向性を回答した内容
を上記に記載している。

（出所：DTC「デジタル人材志向性調査」）

とが望ましい。また, デジタル人材の特性として「仕事のおもしろさ」や
「チャレンジ」などがあることから, 通常の会社主導の異動に加え, チーム
リーダーがプロジェクトごとに求める人材を募集し, メンバーが応募するマー
ケット方式の仕組みもあわせて導入することも一案だ。

(c) 育　　成

「知識・スキル獲得には，複数の会社でさまざまな経験を積む」といった特性を持つことから，自律的に自身のキャリアを考え，能力開発していく人材であることも推察される。ゆえに，社員が目指すキャリアや専門領域を自ら定め，そのために必要な育成機会・内容等を決定するコンセプトが望ましい。コミュニティへの参加等を通じて自ら能力開発機会を獲得し，自己育成を推進するとともに，会社は各人の価値観・キャリア形成や求める能力開発機会を把握し，それを支援するための環境やコーチによる助言を提供する。ただし，前述した「発掘してきた人材」に対しては，デザインシンキングや顧客のニーズ・課題のつかみ方など，必要な知識・スキル・経験の付与について会社が育成を主導することが必要だ。

(d) 評価・処遇

DXは「ユーザー・顧客中心」といわれることから，個々人の評価もそういった観点で行うことが望ましい。チームで発揮した成果の評価と，個人の評価（チームへの貢献・研究テーマ等で創出したインパクト）に加え，クライアントや他チームからの評価も得られる仕組みとする。また，失敗に対する心理的安全性を確保し，チャレンジを促すべく，短期インセンティブによる短期成果・利益の追求よりも，研究やイノベーションなど，足の長い成果創出に報いることのできる報酬構成・仕組みとすることが望ましい。また，ビジネスの面白さや，自由に動ける環境など，価値観とマッチする機会・環境・報奨（非金銭的報酬）を提供することも重要だ。

(7) 変革を成功裏に進めるには

これまでDX戦略を策定するうえでの切り口，ポイントについて説明してきた。ここでは策定したDX戦略を頓挫させることなく，DX変革として結実させるための実践上の要諦を押さえていきたい。

① **DX変革のための7つのポイント**

(a) **道しるべ（DX戦略）を具体的に描く**

　各行のデジタル戦略についてIR資料や公開情報を見ると，個別のデジタル施策，例えば店頭業務へのタブレット導入やバックオフィス業務へのRPA導入といった施策を積み上げたものをデジタル戦略と称するケースが散見される。個々のデジタルソリューションは抜本的な経営変革を推進するうえでの手段でしかなく，真に定義すべきは5年先，10年先を見据えた自行のあるべき姿・なりたい姿を明確に定義し，そこから逆算して中期経営計画やIT戦略，そしてデジタル戦略を策定し，さらに個別施策へ戦術レベルで落とし込むことが重要である。また，定量目標の設定においては，目標達成指標（KGI: Key Goal In-

図表4-2-22　DX変革のための7つのポイント

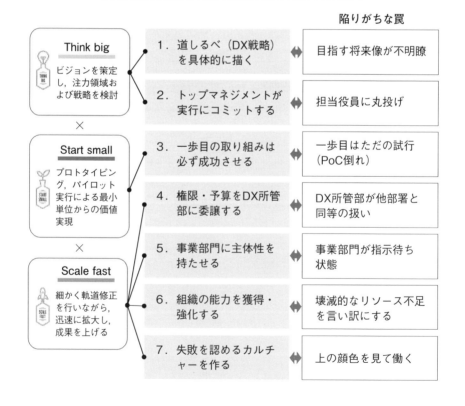

dicator）と経過指標（KPI）を明確に区分し定義する。例えば，

- 目標達成指標（KGI）：商品・サービスの利便性を高め，顧客満足度を○○％向上する
- 経過指標（KPI）：そのためにアプリのサービスを拡充（取扱商品・サービスカバレッジ向上）や，チャットボットなどの活用による問い合わせレスポンス改善，など

といったように，個々のデジタル施策導入が目的化しないよう，施策を成し遂げた結果として勝ち取るゴールを明確化することが重要である。

⒝　トップマネジメントが実行にコミットする

　2019年にマサチューセッツ工科大学とデロイトが世界125か国28業種の経営層と管理職約4,800名に実施したデジタルイノベーションに関する調査（MIT Sloan Management Review（https://www2.deloitte.com/content/dam/Deloitte/lu/Documents/deloitte-digital/lu-accelerating-digital-innovation.pdf））では，経営層の約80％が「デジタルイノベーションを自社のコアコンピテンシーとすべき」と回答しながらも，管理職層の約60％は「デジタルイノベーションの推進において十分な経営資源が提供されていない」と答えている。経営層と変革を推進する現場のギャップを象徴する調査結果となっているが，DX推進に必要な経営資源を捻出し，変革の阻害要因を排除することが経営トップが果たすべき責務である。また，どんな小さな成功でも称賛し，従業員のモチベーションを高く維持させることも，トップマネジメントの高いコミットメントを示すうえでは重要である。

⒞　一歩目の取り組みは必ず成功させる

　DXを推進するうえで，全行的な変革のモメンタムをいかに醸成するかがポイントになる。そのためには，変革のトリガーとなる最初の取り組みはその成果の大小を問わず必ず成就させ，成功体験を獲得することを目的としなければならない。最初の一歩目のアプローチとしては，PoCアプローチやプロトタイプアプローチ，あるいはMVPアプローチといったものがあるが，いずれにおいてもその取り組みに対する目的と完了基準を明確に，また，成功体験を全行

レベルに昇華させるプロセスの構築が重要となる。

　多くのPoCを実施するもその成果が報われないケースとして，大きく2つに分類することができる。1つはPoCの目的が定義されておらず，完了基準が曖昧なことによる「PoC倒れ」である。例えば，検証すべき対象が技術的な可用性（アベイラビリティ）や信頼性（リライアビリティ）なのか，あるいはUI/UXに代表される利便性（ユーザビリティ）なのか，その定義と完了基準が曖昧なことによりPoCそのものがなし崩し的に頓挫する「PoC倒れ」である。もう1つは，PoCの数をこなすこと自体が目的化し疲弊していく「PoC疲れ」である。最初の一歩は成果の大小を問わず必ず成功させる。成功したものはその過程で培った体験やストーリーとともに火種として次の取り組みに継承・伝播させ，一過性のものとしない。連続的な変革のモメンタムを組織内にいかに植えつけることができるかは，その取り組みが成功した後のプロセスの設計に大きく左右されるといっても過言ではない。

(d)　権限・予算をDX所管部署に委譲する

　今では多くの金融機関において全行的なDXを推進する所管部署が設置されている。DX所管部署のミッションは，「顧客ニーズを満たす商品・サービスの開発と改良をデジタルソリューションで実現するとともに，行内オペレーションの生産性向上を図りデジタルソリューションを用いて効率化する」ことにある。しかもそれを迅速に行うことが大前提である。ところが，散見される実態としては，DX所管部署が他部署と並列・同等の位置づけとされており，実行判断や予算執行に多大な調整コスト（関連部署との交渉，根回し）を余儀なくされる，あるいは，交渉・調整の過程で本来の目的が変わってしまう場合がある（全体最適ではなく個別最適に陥るなど）。また他の事例として，DX所管部署が他部署を跨ぐ上位機関として設置されるも，実行権限や予算が委譲されず単なる「取りまとめ機関」となっているケースがある。

　顧客ニーズや行内変革ニーズに迅速に対応し，かつ本来目的や全体最適を具現化するためには，DX所管部署に相当の実行権限と予算を委譲すべきであり，頭取やCxOなどトップ層直属機関とすることが必要と考える。

(e)　事業部門に主体性を持たせる

　DX所管部署には相当の実行権限と予算を委譲すべきと述べた。しかしながら，ビジネスモデルの革新は事業部門が担い手であり，事業部門自身が施策実行を主導することが重要である。DX活動における事業部門のスタンスが受け身の場合，例えばDX所管部署の旗振りのもと事業部門は必要な情報の提供や議論への部分的な参画に限られている場合，目指すべき方向性の実現性が乏しい，あるいは，変革のスピードが遅くなるという事象が生じる。事業部門が自ら企画し立案した施策に対し，DX所管部署はその施策をさまざまな観点（対顧客利便性，革新性，ROI，全体最適への貢献度など）でスクリーニングし，実行予算を付与する。実践・導入はあくまで事業部門主体とする，といった全社DXを推進するうえでの司令塔となるべきDX所管部署と，実行を担当する事業部門との間の求心力と遠心力のバランス設計がポイントとなる。

(f)　組織の能力を獲得・強化する

　DX人材不足の顕在化・深刻化は，変革を推進するうえで多くの経営者や現場リーダーの頭を悩ませている。一方で，「自社にとって必要なIT，デジタル人材の要件定義ができているか」との問いに対して答えられる人はおそらく皆無だろう。当社ではDX推進の中核となるデジタルコア人材の役割と定義を大きく4領域7分類で整理している（**図表4-2-23**）。

　例えばビジネスプランナーとは，未来起点で自社のビジネスや業務のあり方を描き，その実現に向けて能動的にステークホルダーを巻き込み推進することができる人材と定義する。新しいビジネスを生み出すという点においては起業家（アントレプレナー）資質にも類似しているだろう。一方，データサイエンティストは統計分析やAIに関する知見を活かし高度なデータ分析を行い，課題解決や新たなビジネス創出を支援できる人材と定義する。前者のビジネスプランナーは自社の競争優位の源泉になる人材であり社内で育成する必要がある一方，後者は必要に応じて外部人材を活用するという選択肢もある。このように，すべてのポジションを自社で獲得する必要はないという前提に立ち，各ポジションにおける人材採用・育成，外部リソース活用に至る人材戦略が重要となってくる。

図表4-2-23 デジタル人材像と役割定義

人材像		役割（詳細例）
イノベーション人材	ビジネスプランナー	■ビジネス知見やデジタルを活かし未来起点でビジネスや業務のあり方を構築する ■ビジネスとして実現するために自らステークホルダーを巻き込みながら推進する
ビジネス・顧客起点でDXを企画・推進	デジタルアーキテクト	■ビジネス側の要件，未来起点・システム全体のニーズ整理，技術動向を踏まえて，DXの実現に資する改革コンセプト・アーキテクチャの構想を計画する
デジタル開発人材	UI/UXデザイナー	■UIデザインの知見を活かして，画面デザイン・ビジュアルデザイン・プロトタイプの作成・評価・検証，開発実装および支援を行う
技術起点でDXを企画・推進	AIエンジニア	■AI技術の知見を活かして，ビジネスに有用なAIの適用検討やモデル開発ができる ■DX企画に有用なビジネスアイデア等の提案や助言を行う
データ活用人材	データサイエンティスト	■データサイエンスやAI（機械学習・深層学習等）に関する知見を活かして，高度なデータ分析を行い，課題解決や新たなビジネス創出を支援する ■DX企画に有用なビジネスアイデア等を提案や助言を行う
データ起点でDXを企画・推進	データスチュワード	■社内外のデータを横断的に理解し，データを活用した課題解決，データサイエンティストの支援を行う
セキュリティ人材	サイバーセキュリティスペシャリスト	■各種セキュリティ対策の検討・実行，監視・モニタリングやインシデント対応，ID管理などを行う

(g) 失敗を認めるカルチャーを作る

　銀行に限らず多くの金融機関において，人事評価制度は永らく減点主義であった。一度の失敗がキャリアパスに大きく影響するため，新しいことに取り組まない，前例踏襲型の意思決定をする，責任の所在を分散する，などリスク回避型の行動特性が定着化する傾向にある。伝統的な銀行の商品・サービス，あるいはシステム開発手法がウォーターフォール型アプローチであったのに対し，昨今の潮流であるアジャイル型アプローチは，改良を前提に試行錯誤（ト

ライアル&エラー）を奨励する。少しでも早く他社に先駆けて商品・サービスを市場に投入し，顧客の不満や要望をサービスに反映させ継続的に改良するという思考と仕組み作りには，小さく早く試行することに意義を持ち，チャレンジしたことを奨励する評価・報酬制度の設計と，失敗を許容するカルチャーの醸成と定着が成功の鍵となる。

② DX変革の進め方

(a) 基本ステップ〜Think big, Start small, Scale fast〜

　金融機関の変革アプローチは，従来型のシステム開発アプローチと同様，ウォーターフォール型で進められることが多かった。しかしながら，DXに係る取り組みの多くは一定程度の不確実性を内包したものとなるため，当初立案した計画どおりに進むとは限らない。そこで，DXの進め方として「Think big（大局で考える）」「Start small（小さく始める）」「Scale fast（一気に広げる）」という3ステップに分けて進めることを提唱する。

　「DX変革のための7つのポイント」の1つ目で挙げた「道しるべを具体的に描く」であるように，自らのあるべき姿，なりたい姿を具体的に描くところからスタートし（Think big），その実現に向けた各種施策の中で比較的取り組みやすく，実現可能性の高い単位でプロジェクト化し（Start small），プロジェクトを通じての軌道修正や成功体験を糧に，迅速に全行展開させ成果を刈り取る（Scale fast）という考え方である。

(b) 外部パートナーを活用しながら最終的には内製化を目指す

　DX人材不足の顕在化・深刻化が多くの経営者や現場リーダーの頭を悩ませていること，そして解決に向けては必要な人材要件定義と人事施策が必要であることはすでに述べた。

　リソース確保の手段としては大きく3つある。インオーガニック戦略としての「M&A主導型」と「JV（合弁）設立型」，そしてオーガニック戦略としての「内製化型」である。インオーガニック戦略の2つについては合意形成後の体制の立上げがスピーディであること，リソースの安定確保という点で共有のメリットがある一方で，合意形成に至るまでの交渉コストが高くなることに加

え，統合後の組織・人財融合に体力が割かれ思うような効果が得られないというケースも散見される。

そこで推奨するのは「伴走者となる外部パートナーを活用しながら最終的には内製化を目指す」という内製化型アプローチである。

前項で触れた「Think big」「Start small」の段階でも，実績・経験値を有する伴走パートナーからリソース協力を得て変革の初動をいち早くスタートさせる。プロジェクトを通じて外部パートナーが有する考え方，進め方，作り方を行員が吸収していく。最終的にはスキルトランスファー（スキル移転）を経て行員が自立・自走し全行展開していくというものである。ここで重要なのは，最初は外部パートナーの力を借りるとしても最終的には自らがそのスキルを獲得する意志を持ってプロジェクトに参画する点にあり，その前提として行内で内製化すべき職務要件と要員計画を明確にする点にある。

図表4-2-24　内製化に向けたロードマップ

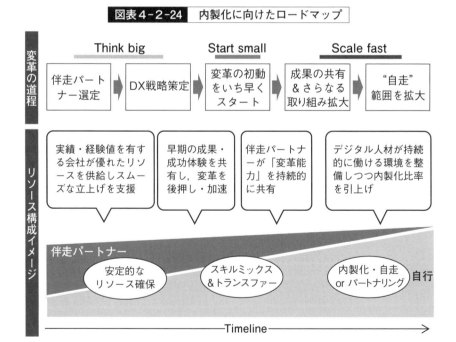

⒞　自行カルチャーを正しく理解しDX推進組織を設計する

　DX変革の中核となる所管部署の組織設計においては，大きく２つのパターンがある。１つはDX関連テーマとリソースを集約し企画から実行まで責任を持たせる「集約型DX推進組織」，もう１つは予算と権限を保持しつつその実行は各部門に主体性を持たせる形で適宜必要なサポートを行うという「支援型DX組織」である。

　集約型DX組織には，企画から実行までのリードタイムが短縮化され次々に新しい変革を創出できるというメリットがある一方，既存事業部門との連携面での配慮が欠けると全行的な取り組みとしては頓挫するリスクを内包する。

　一方，支援型DX組織は各事業部門の主体性を尊重しつつ全体最適を追求することができるというメリットがある一方で，全体管理や調整業務が主となってしまい，変革に必要な専門性の高度化が他者依存に陥ってしまうリスクを内包する。いずれかの形態，あるいはそのハイブリッド型を採用するかについては自行カルチャーを正しく理解したうえで吟味し，変革を具現化させるための組織設計を行うことが重要になる。

　以上，DX変革におけるポイントとその進め方について触れてきた。個々に関して大きな違和感や異論を唱える方は少ないと思うが，戦略の策定からその実行・評価体制まで一貫性を持って実装することは容易ではない。経営陣は自行の変革の核心を見極め，そこに経営資源を投下するいわば「選択と集中」の意思決定をこれまで以上に求められる局面にあると考える。

（8）地銀業界における再編の捉え方

　地銀業界ではこれまでも変革の必要性が叫ばれ，その都度M&Aや再編の機運が高まり一部で再編が起こりはしたが，業界としては緩やかな変化にとどまり，抜本的な変化は起きなかった。地銀業界にとって「経営統合」や「企業再編」といえば，銀行業を主眼に置いたものであり，主にその手段としては複数の銀行が持株会社を設立しその下で各行が併存する「持株会社化」か，複数の銀行が１つの銀行となる「合併」が用いられてきた。

　一方，他業界に目を移すと，戦略推進・構造改革のためにM&A，組織再編を積極的に活用しており，昨今のコロナ禍により「本業改革」「周辺・新規事業強化」の必要性が高まる中でさらなる再編が進んでいる。地銀業界においても大手を含む一部の地銀では，他行との経営統合ではなく自行グループのみで持株会社を設立して持株会社体制へと移行する動きがみられる。これらは以前のような銀行業中心の経営統合・企業再編ではなく，周辺事業の強化を見据えた行動であり，今後の地銀業界におけるグループ組織体制の有力な選択肢の1つとなってくるものと考える。

　本節ではこのような地銀業界の動きの変化について，これまでの地銀における経営統合・企業再編の位置づけと昨今の経営統合・企業再編に向けた機運を踏まえて改めて理解するとともに，地銀のさらなる成長・生き残りに向けてどのように経営統合・企業再編の活用していくべきかを明らかにしていきたい。

図表4-2-25 銀行業界における主な再編形態

	合併	持株会社化
イメージ	A銀行 B銀行 ▶ AB銀行	XHD / A銀行 B銀行 ▶ A銀行 B銀行
特徴	☑複数の銀行が1つの銀行となり統一ブランドで運営する ☑法人が完全に一体化するため，店舗や間接部門等の統合を進めることでコストメリットを享受しやすい反面，ブランドが変更となることや取引銀行分散の観点等で顧客離れが起きるリスクもある ☑持株会社傘下の銀行が両行の行名を残して合併するケースも存在	☑複数の銀行が企業グループとして資本関係を結ぶ ☑主に同業間での統合に際し，統合デメリットを回避する手段として活用され，地方銀行の場合は両行の地盤とする地域におけるブランド維持を目的に両行を併存させることも多い ☑最終的には合併や事業再編を行うための形態
近年の地方銀行事例	・三十三銀行（第三銀行・三重銀行） ・第四北越銀行（第四銀行・北越銀行） ・十八親和銀行（親和銀行・十八銀行）	・西日本FHD（西日本シティ銀行・長崎銀行） ・めぶきFG（足利銀行・常陽銀行） ・コンコルディアFG（横浜銀行・東日本銀行）

（出所：各行IR資料よりDTC作成）

① **これまでの地銀における経営統合・企業再編の位置づけ**

　これまで，銀行業における再編は平成元年以降のバブル経済崩壊や金融ビッグバンを経て，金融持株会社の解禁，都市銀行を中心とした銀行同士の合併，持株会社化による複数銀行の同一グループ化などが進んできた。

　ただし，地銀における再編の多くが経営危機に陥った銀行の救済を主な目的とした経営統合であり，事業会社の経営統合のように抜本的な強化を目的とした経営統合が積極的に行われてきたとは言い難い。

　その理由としては，地銀の置かれた環境が大きい。一般的に，企業がM&Aを活用し企業の成長を図る場合，その背景には(a)足許や将来の事業環境の変化等への自発的な対応，(b)株主等からの外部圧力，等があるが，これまでの地銀においてはそのいずれも決して大きくなかったといえる。

　(a)事業環境に関しては，これまで地銀は十数年に一度の経済危機を除けば，経営環境として他業界対比で非常に安定していた。地盤とする国内経済の成長が緩やかであることに加えて，各都道府県を地盤とする2～3行（多くて4行）程度の地方銀行と第二地方銀行がその地域の過半ないし8割程度のシェアを握り，少数の金融機関が多くのシェアを占めることで，独占禁止法が同エリア内の経営統合を防いだ。そして異業種による買収は，銀行法による銀行の主要株主規制（銀行の議決権の5％超を保有する場合は届出が，20％以上を保有する場合は認可が必要となる）が防いでいた。

　また，(b)外部圧力に関しては，株主と監督当局が主な外圧になりうるが，当

図表4-2-26　銀行業界の再編に係る主な出来事

1996年～	日本版・金融ビッグバンにより抜本的な金融制度改革を促進
1998年	改正独禁法の施行および銀行法等の改正により金融持株会社が解禁
1999年	持株会社の創設を円滑にする株式交換・株式移転制度が導入 （2000年に会社分割制度も導入）
1999年～	都市銀行の合併や持株会社による複数銀行のグループ化の加速
2020年	地銀合併特例法により地銀の統合・合併が独禁法対象外に （10年間の時限措置） 経営統合や経費削減を条件に日銀が当座預金の金利上乗せ制度を導入 （2022年度までの時限措置）
2021年	銀行法等の改正による業務範囲と出資規制の大幅な緩和

業界においてはそのいずれも抜本的な改革の促進には不十分といえる。

　地銀業界には株式を持ち合う取引先企業や，地元の個人投資家，OB株主などの安定株主が多く存在している。これらの株主は長期保有が前提であり，リスクテイクによる株価上昇よりも安定配当を重視する傾向が強い。そのため，当業界では赤字でも固定配当を行うケースが少なからずみられた。それに加えて，安定株主の多さから株式市場における流動性は低く，先述の主要株主規制も相まって株価上昇に厳しい機関投資家を遠ざけた。事実，リーマンショック以降，地銀の多くは解散価値といわれるPBR1倍を下回り続けているにもかかわらず，株主からその解消に向けて強い要請を受けている地銀は決して多くない。

　監督当局も地域経済を担う地銀には事業成長のためのリスクテイクよりも経営の安定性を重視し，経済危機など地銀の経営が危機に瀕した際も，地銀の破綻や他行との合併・会社分割を図るのではなく，公的資金の注入により地銀の経営を一時的に支えてきた。

　このような環境下では，経営者がリスクをとり変革を進めるインセンティブを持ちにくかったものと推察される。そのため，地銀業界においては変革・再編の必要性が何度も叫ばれてきたが，それはどこか外野からの掛け声であり，オーバーバンキングの非効率性など目に見える問題の解消を「地銀のあるべき

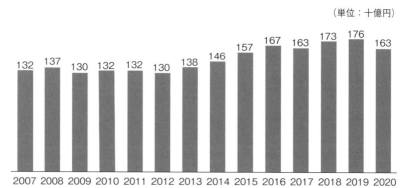

図表4-2-27 **上場地方銀行の配当額推移**

（単位：十億円）

2007 132
2008 137
2009 130
2010 132
2011 132
2012 130
2013 138
2014 146
2015 157
2016 167
2017 163
2018 173
2019 176
2020 163

※　2021年度に上場している地銀グループ
（出所：各行IR資料よりDTC作成）

姿」として要求するなど，一部の銀行の業績悪化を発端とした一種のブームのようなものであった。同様に，監督当局もこれまでは「あるべき姿」の検討は行うものの再編のハードル解消には消極的であり，あくまで自助努力としての選択肢を提示するにとどまっていたように見える。

②　昨今の地銀の経営統合・企業再編に向けた機運

　しかし，今回は監督当局も業務範囲規制や事業会社への出資規制の緩和などの各種法改正，および地域金融機関の合併・統合に対する補助金の交付や日銀による金利優遇，独禁法の適用除外等の特例法の成立により地銀自身の自助努力の促進を企図し，地方経済の中核を担う地銀グループそのものに強く変革を求めていると推察される。

　このような変革の後押しを活用し，すでに銀行業界では再編に向けて動いている。メガバンクでは異業種とのJVなどによる銀行業以外の周辺事業の強化が活発化し始めており，地銀では大手行を含め周辺事業強化を目的とした持株会社化や他行とのJV設立などに動いている。このような環境下にあって，地銀各行はいかに早く，いかに本気となって次の一手を打てるかが今後の勝敗を大きく左右する。しかし，従来の規制下において事業環境の大きな変化に乏しかった地銀にとって抜本的な改革は容易ではない。銀行業は顧客基盤・預貸金利鞘ともに抜本的な向上は困難であり，また，国内の地方経済は緩やかに縮小していく見込みである。また，他業強化においても「銀行の常識は世間の非常識」ともいわれるように，銀行業は規制業種かつ相対的に変化が大きくないビジネスモデルであることなどから，他業種とは文化の違いはもちろんのこと，事業運営・業務遂行にあたり考慮すべき事項やそれに基づく社内人材の取扱い等も大きく異なる。他業強化において地銀の先を行くメガバンクであっても他業強化においては異業種との協働・買収を図っていたことからもわかるように，地銀が変革を加速させるためには自前主義では限界があるとともに，「銀行主語」からの脱却が極めて重要となることはいうまでもない。

　「自前主義」「銀行主語」脱却に際しては，M&Aを含めた外部リソースの取り込み（それを踏まえた銀行自体の変革），銀行本業から他事業への大規模なリソース再配置などの非連続・抜本的な意思決定・施策推進が求められる。こ

のような取り組みを推進するための土台・プラットフォームとして，他業界で
は持株会社化を含めたグループ経営体制の見直しが進んでおり，一部の地銀で
も採用する動きが出ているのは前述したとおりである

　監督当局も持株会社体制を前提とした法改正を進めるなど後押しする方向で
あるものの，地銀が持株会社体制を活用し，変革を実現させるためには，まだ
多くのハードルが存在することも事実である（銀行本業が大きすぎる，風土的
に改革意識が乏しい，事業展開への制約，など）。

　このような状況下で，監督当局の動き，他の地銀の動向を見えてから次の一
手を考えることも経営であるが，先んじて組織再編を断行して真のグループ経
営への進化に取り組むことも有益な選択肢として検討したいところである。

　そのような環境下において，前章までで整理した地銀がとるべき戦略のうち，
経営統合・グループ再編を活用することでその変革をドライブさせられるビジ
ネスモデルは大きく「地域プラットフォーマー型フルバンク（およびその過程
としての筋肉質従来型フルバンク）」と「専門型バンク」である。

　まず，地域プラットフォーマー型フルバンクを目指す場合，幅広い金融・非
金融サービスで法人・個人のニーズにワンストップで応え，地域の持続的な成
長にコミットするビジネスモデルであるため，銀行本業の改革はもちろんのこ
と，地盤とする地域経済の成長にコミットするためにグループ内で保有すべき
機能についても相応の強化が求められる。他業強化において地銀の先を行くメ
ガバンクにおいても抜本的な他業強化には外部プレイヤーの買収・資本参加・
提携等を活用していることからも，ノウハウや顧客基盤等の観点から自前主義
にこだわることは得策とは言い難い。

　また，専門型バンクにおいては顧客/プロダクトに特定した課題解決への
サービスを提供することを目指すこととなるが，このビジネスモデルは地域プ
ラットフォーマー型フルバンクを目指しうる地域トップ行ではなく，地域で2
番手以下の地銀が目指すビジネスモデルである。専門型バンクがとりうるビジ
ネスモデルとして考えられる「法人注力型」「個人富裕層注力型」「個人マス層
注力型」はそのいずれにおいても，自行グループに不足する機能の獲得が必要
だが，変化が加速する中でこれまで獲得できていない機能を自前で獲得しよう
とすることは得策ではなく，外部連携が肝要となる。

　このように，地銀の成長・生き残りに向けて目指すビジネスモデルを実現するためには外部パートナーの力が必須である。そこで，「地域プラットフォーマー型フルバンク」を中心に，外部パートナーの力をどう取り込むか，またその取込みに向けたグループ経営体制をどうすべきかを考えていく。

　筆者らが各種ご支援している各銀行グループにおいても，これらの動きに向けては③で言及する(a)銀行本業の変革，(b)周辺・新規事業の強化について強い課題意識を持たれ，企業再編を含むさまざまな方法で課題解決に取り組まれている。

③　地銀のさらなる成長・生き残りに向けた経営統合・企業再編の活用

(a)　銀行本業の変革

　昨今の地銀の業績実態として，銀行の本業収益として経営を下支えする貸出金利息収益は減少傾向にあり，このままでは業績悪化により地方経済への貢献が困難となることは明らかである。

　一方で，地銀の収益の大半を占め，かつ地方経済の血流でもある融資をないがしろにすることは，地域プラットフォーマー型フルバンクにおいてはとりえない選択肢であり，融資にて一定の収益を確保することも必要不可欠である。また，今後の事業領域の拡大に向けては，主要事業からの収益をもとに次なる打ち手を講じていく必要がある。そのためには収益性の高い融資の獲得も重要だが，一定規模の貸出金を確保し，行員1人当たりの貸出金残高を増加することで収益性の向上を図ることが必須となる。

　地銀に限らず，銀行業界においてはこれまでも経営状況が悪化した銀行の救済を含め，銀行業の強化として規模の拡大を企図した経営統合が散見される。平成9年に金融持株会社が解禁される前は都市銀行を中心に合併による経営統合が進められてきたが，金融持株会社が解禁されてからは銀行業界の経営統合においては持株会社化が多く採用されている。これは，両行の経営の土台である勘定系システムのみならず，企業文化の統合・融合を短期で実現することの困難さや，合併によるブランド統一は既存顧客の離反を招く危険性によるところが小さくない。特に後者は，その地域名を行名に持つ地銀において顕著であり，地銀の再編においては今後も持株会社制が活用されると想定される。

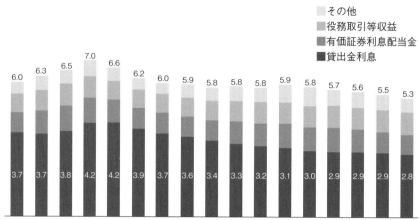

図表4-2-28　地銀の収益内訳

（単位：兆円）

- その他
- 役務取引等収益
- 有価証券利息配当金
- 貸出金利息

年	合計	貸出金利息
2004	6.0	3.7
2005	6.3	3.7
2006	6.5	3.8
2007	7.0	4.2
2008	6.6	4.2
2009	6.2	3.9
2010	6.0	3.7
2011	5.9	3.6
2012	5.8	3.4
2013	5.8	3.3
2014	5.8	3.2
2015	5.9	3.1
2016	5.8	3.0
2017	5.7	2.9
2018	5.6	2.9
2019	5.5	2.9
2020	5.3	2.8

（出所：全国銀行協会「全国銀行財務諸表分析」よりDTC作成）

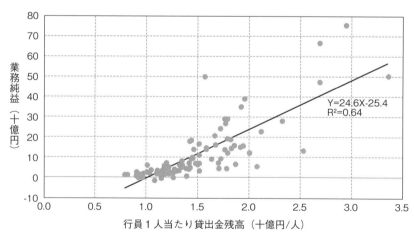

図表4-2-29　地方銀行の行員1人当たり貸出金残高と経常収益

業務純益（十億円）

Y=24.6X-25.4
R²=0.64

行員1人当たり貸出金残高（十億円/人）

※　持株会社に本部機能を大きく移管している山口FG傘下の3行は外れ値として除外
（出所：全国銀行協会「全国銀行財務諸表分析」，各行決算データよりDTC作成）

　地銀の経営統合に持株会社制を採用することは，実質的な経営の変化の小さ
さや，統合シナジーの短期的な実現の困難さから批判的な声も聞かれる。しか

し，上記課題の解消に向けてはむしろ拙速な統合によるリスクのほうが大きい
と考えられるため，持株会社制で当面はブランドを維持しつつも，その中でど
のように統合シナジーを獲得するかが重要となってくる。また，今後の周辺事
業強化を見据えた場合には合併よりも持株会社制のほうが適しているため，そ
こに向けた体制作りとしても持株会社制は有益であると考えられる。

　しかし，過去来の持株会社化では統合シナジーが限定的となることも少なく
ない。そのため，今後の持株会社化においては積極的な効率化・コスト削減を
推し進め，最終的には銀行同士の統合も見据えることが肝要である。

　持株会社制におけるコスト削減施策として推進すべき施策の1つに，子銀行
をはじめとした子会社各社の共通機能を極力集約することによる業務効率化が
ある。第3章で筋肉質型フルバンクのコスト構造改革としてBPRに触れている
が，銀行を含むグループ内子会社間で共通機能を集約することで個社単位の
BPRを越えた効率化および品質の高度化を図ることも可能となる。

　共通機能の集約による業務効率化はグループ経営において広く活用されてい
る方法であり，集約する規模が大きいほど効率化余地も大きい。銀行の独自性
が強い業務は単一銀行グループ内での集約効果は限定的だが，複数行が機能を
集約することで効果が見込まれる。

　また，業務の効率化によりオペレーション部門の業務引受余地が増加するこ
とで，フロント部門がより本質的な業務に注力することも可能となるほか，効
率化により生まれた余剰人員をフロント部門や新規事業へと振り向けることも
可能となる。つまり，単純な費用削減にとどまらず，収益強化にもつながりう
るのである。ただし，業務効率化の結果として生み出される工数や余剰人員を
振り向ける領域を精査しなければ単に間接部門の業務量が減少するのみとなっ
てしまうことには注意が必要である。

　従来，メガバンクや一部の地銀は，業務効率化によって削減した工数分の人
員について，トップラインの増強ではなく希望退職者の募集等によるコスト削
減を図ってきた。しかし，昨今の銀行法改正により，今後は銀行グループ内に
おける事業の幅を広げることが可能となるため，人員削減のみでなく，周辺事
業を担うグループ会社のフロント業務へと割り当てることも有望な選択肢の1
つとなりうる。その際は，単純にフロント部門の投入可能工数を増加させるだ

けでなく，銀行業をよく知る人員がグループ会社に増加することで銀行との連携がしやすくなり，銀行業とのシナジー効果を生みやすい土壌が作られるといえよう。

　また，複数の銀行が持株会社傘下となることでシステム開発等の投資予算を一元化し，従来の守りのIT投資にとどまらず，DX等の攻めのIT投資を集中的に推進することで先述のIT領域の強化をより進めることも可能となる。

⒝　周辺・新規事業の強化（総合金融グループ・地域コングロマリットへの変化）

　地銀のもう一方の変革の方向性として，「総合金融グループ」，そしてその先にある「地域コングロマリット」への変革がある。このような変革は各地銀の経営方針として以前から掲げられてきた内容だが，それを実現できているといえる地銀グループは必ずしも多くはない。

　その原因として，これまではあくまで銀行を頂点とした企業グループにおいて銀行業を支援する，という観点で周辺事業子会社が存在していたことが大きい。そのため，これまでのグループ経営においては銀行起点の発想から脱却できずに周辺事業強化は進まず，自前主義の考えから，外部リソースの活用も限定的な地銀グループが少なからず存在していた。しかし，昨今では一部の地銀において，真の総合金融サービスの提供者となるべく，周辺事業強化を目的とした持株会社制への移行を検討・実行する動きがみられる。

　ただし，周辺事業の強化にあたって持株会社体制は有用であるものの，持株会社という「箱」を作れば周辺事業が強化されるというものではない。地銀業界では前述のとおり経営統合に持株会社が活用されてきたが，それらの地銀グループは周辺事業の収益力の指標とみなすことができる連単倍率において，持株会社制ではない地銀と明確な差があるわけではない。これらの地銀グループは救済を含む銀行業強化が持株会社制への主な移行目的であるため，これから周辺事業強化に向けた取り組みの推進が必要不可欠であると考えられる。

　周辺事業の強化に向けては，それに資する取り組みを①意思決定機構，②事業組織構造，③経営アジェンダ推進機能（コーポレート）のそれぞれにおいて三位一体で行うことが肝要であり，それらを欠いては仏作って魂入れずとなり，

費やした時間やコストに見合う効果を得ることは難しくなる。

　①意思決定機構においては，中長期的な視点に基づく経営アジェンダの議論と迅速果断な意思決定を進めていくため，既存事業のしがらみにとらわれない少数のマネジメントチームの構築が必要となる。今後の地銀が地域プラットフォーマーとして目指す姿はこれまでの延長ではなく非連続の成長が必須なため，「目指す姿」を具体化し，そのうえで，それに基づく経営資源の投下方針を定めていく必要がある。

　また，地域プラットフォーマーへの成長には，既存の周辺事業の強化にとどまらず新規事業の創出・育成も必要となる。そのため，新規事業の創出に向けて対象事業領域の検討・選定・撤退に向けたクライテリアを設定し，それと併せて，自前主義を払拭し持株会社傘下での異業種とのアライアンスおよび統合を加速させる，といった取り組みも肝要である。

　これらの取り組みを効果的に推進していくためには，監督と執行を明確に分離していくほか，経営機構・会議体のシンプル化や社外取締役・アドバイザリーボードなどの外部視点の導入により取締役会での議論の質を向上させていてくことが求められる。

　②事業組織構造面においては，上述の戦略の実現を可能とする組織や制度設計が必要となる。そこで重視すべきポイントは，既存中核事業は自律的な競争

図表4-2-30　地銀のグループ形態別の連単倍率

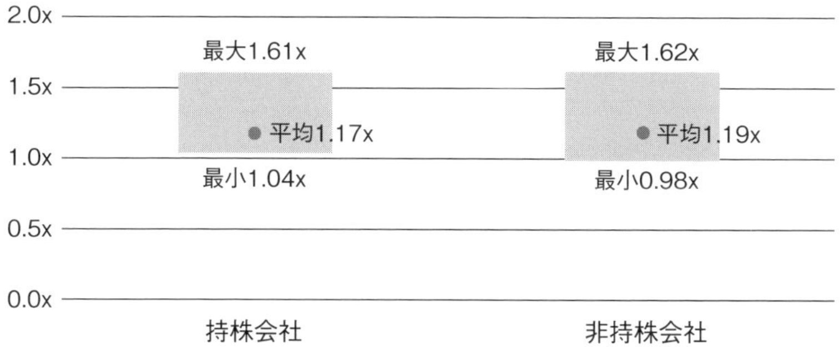

持株会社　最大1.61x　平均1.17x　最小1.04x

非持株会社　最大1.62x　平均1.19x　最小0.98x

※　2021年3月末時点で持株会社制の地方銀行を「持株会社」，それ以外を「非持株会社」とし，単体数値はそれぞれ子銀行の単体決算の単純合算，各銀行の単体決算額
(出所：全国銀行協会「全国銀行財務諸表分析」よりDTC作成（2020年度決算))

力を促して信賞必罰でガバナンスを行うこと，新規事業は既存事業とリソースを遮断して育成することである。そのためには，各事業への適切な経営資源の配分，各事業の自律性の確保，各事業の強みを活かしながら事業間連携を可能とすること，の3点が必要となる。これらは実現して当然のように思えるが，持株会社制へと移行した企業グループがミスを犯すことが少なくない要素である。

　経営資源の配分においては，持株会社の役員を主要事業の出身者や兼務者が大半を占めることでリソース配分が主力事業に偏重してしまい，本来強化すべき第2，第3の柱に十分なリソースを割けずにそれらの事業の成長を促せないというケースがみられる。こういったケースへの対応策の1つとして，持株会社の役員を出身法人によらず適材適所となるよう配置し，各役員の個別事業へのしがらみを最低限に抑える。これにより，グループの安定収益事業から得られた収益や人的リソース等の育成対象事業へ円滑に配分しやすくなる。

　また，各事業の自律性の観点からは，上記のような各事業会社出身の役員や主力事業会社と兼務するコーポレートが事業側に過度に干渉してしまうことで各事業を独立した運用にできないケースや，主力事業会社の出身者が周辺事業会社のマネジメント層や主要な役職を占めることで実質的に主力事業会社の一組織となってしまうケース，そしてそもそも各法人や部門のミッション・期待役割が明確化されてさえいないケースも存在する。このような状態を防ぐためには，経営と事業の役割を明確化することはもちろんのこと，持株会社はガバナンスとグループ経営に特化し，それと併せて各事業に相応の規模の投資権限を与えるなど権限移譲を進めることが必要となる。これら権限移譲と監督の観点から組織ガバナンスを構築するため，持株会社は事業・グループ会社への権限移譲という視点で組織ストラクチャーや具体的な保有機能を検討し，それと同時に委譲した権限の執行に対する監督という視点で組織ガバナンス方針を検討・設計していくこととなる。

　そしてグループとしての成長のためには個別事業の強化はもちろんのこと，各事業間の連携も肝要である。主力事業が圧倒的な発言力を持つ企業グループの場合，主力事業主体のグループ運営となり必ずしも全体最適とならないことがある。また，事業間の壁が厚く個別事業の集合体にすぎないような事態も発

生しうる。このような事態は事業横断で顧客への価値提供を行う施策を徹底することで防ぎうる。具体的には，顧客軸でのグループ組織の再編，事業間連携を評価項目に含むKPIの設定などがあるが，これらは先述の戦略と整合性を図りつつ企業文化を大きく損なわないようにすることに留意が必要である。

　③経営アジェンダ推進機能（コーポレート）面においては，管理オペレーション機能はもちろんのこと，それとは分離して経営層に忖度しない参謀機能の構築，および短期の構造改革と長期の成長戦略の双方を牽引することが求められる。

　一般的に持株会社が保有することが必須の機能として，成長に向けた経営戦略策定やその他戦略の策定機能，予実管理・財務管理・リスクマネジメント等の戦略補管機能である「グループ戦略機能」，上場法人として維持すべき，内部統制・内部監査・IR等に関する機能である「上場・法人維持機能」，グループ共通の資源管理や共通インフラの構築等に関する機能である「資源管理機能」がある。それに加えて，持株会社の目的や役割に応じて，グループ全体の間接業務の効率化および高度化を担うシェアードサービス等の「共通基盤」や，新規事業の育成・研究開発・技術開発等のインキュベーションを担う「投資・事業育成機能」を持たせることもある。

　なお，金融プラットフォーマーのようなビジネスモデルの転換に向けては，持株会社は各コーポレート機能に係るグループ全体戦略の立案を担い，全体最適×中長期の視点から機能強化をしていく必要がある。これらはグループの中長期戦略やM&A・グループ内再編など企画領域はもちろんのこと，ブランディング・知財・人事・財務・IT等も含まれる。

(c)　経営統合・企業再編の活用に向けた留意点

　これまで述べたように，持株会社をはじめとした経営統合・企業再編は地銀のさらなる成長・生き残りに資するものであると考えるが，「持株会社」という箱を作るだけでは持株会社の管理コストが増加するだけとなるリスクもある。

　そのような事態を防ぐためには，グループ強化に向けた変化に耐えうるか，そして持株会社体制において何を強化すべきかを明確にし，管理オペレーションの品質向上および効率化を追求することで，グループ・各事業の成長投資領

域への機能強化余力を捻出することが必要となる。

　また，持株会社体制への移行に際しては，従業員の意識変革・行動変容のドライブを図ることも重要である。持株会社化はグループ経営において大きな変革であるにもかかわらず，Day 1 に向けて箱作りにとどまった場合，一部のコーポレート部門を除き，銀行を含むグループ企業の従業員にとって直接的な変化は大きくないため，従業員は「グループ体制に変化があったようだが自分たちにとっては何も変わらない」と意識変化は限定的になりがちである。しかし，持株会社・銀行・周辺事業会社のいずれも役割は変化しているため，そのような意識では変革をドライブさせるどころかブレーキをかけかねない。そのため，いかに早期に従業員の意識を変革できるかは持株会社制への移行のメリット実現の鍵となる。

　このような大規模な変革を行う場合，従業員の意識は大きく①「変革の必要性は理解」，②「会社がやりたいこととその理由は理解できる」，③「やる意味がある」，④「自分がやらないといけない。継続してやっていこう」の４段階に分類でき，従業員の意識変革に向けては各段階において想定される課題を適切に把握し，戦略的なアクションプランを構築し実行していくこととなる。そして，持株会社化においては少なくとも②のステップに到達することが望ましい。また，このような取り組みにおいては，円滑な浸透を図るためにも熱量を高めやすい事業・組織・人から手をつけ，明確なビジョンを伝えるために変革後の具体的なイメージと経営層からのブレのないメッセージを伝え続けることが非常に重要である。

　このように，持株会社化にはメリットもデメリットもあるが，移行時に入念な検討を欠いてはメリットを活かすことができずにデメリットばかり大きくなるおそれがある。事実，他業界においては持株会社化した後に当初目的が達成できずに持株会社体制を解消するケースもあり，持株会社化に向けて費やした労力と時間がグループの成長を阻害することにまでなりかねない。そのため，持株会社化の検討においては，その目的や持株会社と子会社の各機能・役割の検討，従業員たちの巻き込みなどの一般的に陥りやすいポイントを把握したうえで入念な検討を進めるとともに，それらの領域に関して知見・経験を持つ専門家たちと協働して前に進めていくことが望ましい。

おわりに

　本書にて，「デロイト トーマツ コンサルティングの試算では，地銀がビジネスモデルの転換をできなかった場合，10年後には地銀全体の約6割が赤字化するとともに，当期純利益総額も10年間で1～2割程度に縮減する可能性がある」と記載した。地銀を取り巻く経営環境は，資金利益の減少，信用コストの上昇，有価証券関係益の減少，また全国的な少子高齢化など課題が散在しており，「10年後には地銀全体の約6割が赤字化する」というのは，単なるホラーストーリーではなく，現実路線であると考えるべきだと思う。

　一方，地域に根差している地銀は，地域経済の活性化という重責を担っている。地域経済を支える中心としての地銀の位置づけは，今後より一層重要なものとなり，その役割を全うすることが強く求められると考える。地域経済を担っている地域企業も，ビジネス構造改革の停滞，デジタル変革の遅れ，後継者不足など多くの課題に直面している。このような課題に対して，地銀はどのような手が打てるのであろうか。本書に記載した「地域プラットフォーマーモデル」は，地銀を中心に金融・非金融のサービスをワンストップで地域企業に提供し，地域企業の経営課題解決や地域経済活性化に資する1つの道筋だと考える。

　また，地銀は，地域社会および地域企業との密接なつながりに基づいた「地域における目利き力」を有しており，地域経済の発展・地域創生において，「目利き力」は非常に大きなインパクトを与えうるものである。オープンバンキングの世界においては，地銀がその「目利き力」を活かし，適切な外部プレイヤーとの連携などにより，デジタル人材育成など地域企業の本業強化に対して提供できる価値の幅は一層拡がるものである。その結果，衰退産業の穏やかな退出と成長余力のある地域企業への支援によって新陳代謝を促進し，地域の限られたリソースを成長分野へと移転・集約していくことをリードしていくこ

とが強く期待される。

　そのためには，地銀は経費率（OHR）の低減努力や，既存ビジネスにおける集中と選択を行い，かつ新たな収益モデル・ビジネスモデルを構築できるかが，極めて肝要である。地銀にて，そのような大きな変革に向けて日々取り組まれている読者の皆様にとって，本書の論考が，その変革に対して少しでも，お役に立てれば幸いである。

　デロイト トーマツ コンサルティングは，日々多くのクライアントの方々と議論や協議を重ねており，そこで培った知見を本書にしたためた。この場にて，クライアントの皆様に改めて感謝申し上げたい。また，本書出版にあたっては，株式会社中央経済社 取締役常務 坂部秀治氏には，温かいアドバイスなど多大なご支援をいただいた。厚く御礼申し上げたい。

デロイト トーマツ コンサルティング合同会社

金融インダストリー部門リーダー　執行役員　パートナー

田邊　愛貴

《執筆者一覧》

武元　亮 | Akira Takemoto
担当：全体監修 | はじめに，第4章第2節(7)
執行役員　パートナー

メガバンク，外資系金融，コンサルティングファームを経て現職。長年の金融実務経験とコンサルティング経験を通じて広範な金融バリューチェーンに精通している。新規ビジネスモデル構築，競争戦略，コアバンキングおよびビジネストランスフォーメーションに係る構想策定から実装支援まで多数のプロジェクトをリード。

梅津　翔太 | Shota Umezu
担当：全体監修 | 第2章第2節，第3章第1節・コラム，第4章第1節・第2節(1)，(2)
ディレクター

外資系戦略コンサルティング会社を経て現職。金融業界を中心に，中期・長期経営計画策定，DX戦略策定・実行，新規事業立案，営業戦略立案，デジタルを活用した業務改革等，幅広いテーマのプロジェクトに従事している。また，『デジタル起点の金融経営変革』（中央経済社）においても，全体監修を実施している。

大木　拓 | Taku Ohki

担当：第1章第1節

マネジャー

国内大手SIerを経て現職。銀行・カード会社・決済事業者などのクライアントに対し，新規事業戦略の策定，業務構築支援の他，基幹システム更改や，データを活用した経営管理など，幅広い案件にて支援を実施。

丸山　由太 | Yuta Maruyama

担当：第1章第2節

シニアマネジャー

外資系大手SIerを経て現職。金融機関に対する経営計画策定，経営管理高度化，デジタル戦略策定，全社アーキテクチャ構想策定～実行等の支援に従事。特にFintech/Digital領域に強みを持ち，デジタルバンク設立構想策定，オープンバンキング構想策定等のプロジェクトを手掛ける。

大庭　嵩史 | Takafumi Oba

担当：第1章第2節

マネジャー

国内大手SIerを経て現職。金融業界を中心に，新規事業/新会社立上げ，業務改革，IT戦略の策定支援に従事。最近は，クラウド・API・データ活用の構想および実行支援を手掛ける。

高柳　良和 | Yoshikazu Takayanagi

担当：第2章第1節

ディレクター

政府系金融機関にて大企業ファイナンス，経済産業省（出向）にて産業金融政策立案を経験し，現職。挑戦的な政策テーマを，共感・賛同する事業者の参画を通じて実現する「テーマ先導型官民連携」を推進。官民連携を通じた地域産業変革や，民間企業の地域事業推進を通じた地域課題解決（地域CSV推進）をリード。

中村　剛彰 | Takeaki Nakamura

担当：第2章第1節

マネジャー

都道府県庁，中央官庁（出向）を経て現職。現業では，地域インフラ企業等への新規ビジネス構想や自治体への地域活性化構想の検討・具体化などを支援。最近は，民間企業へのロビイング活動に向けた戦略・実行支援にも従事。

伊東　俊平 | Shumpei Ito

担当：第3章第2節・第3節・第4節・第5節・第6節

マネジャー

メガバンク，中央官庁（出向）を経て現職。銀行などの金融業界を中心に，中期経営計画・営業戦略の立案・遂行，業務プロセス改革やロボティクス導入などを支援。最近は異業種の金融業参入といったテーマも手掛ける。

藤村　聡 | Satoshi Fujimura

担当：第3章コラム

ディレクター

外資系ITベンダーにて大規模業務システムのData Platform設計，高可用性／性能設計，デジタルビジネス開発を経て現職。ディスラプティブ・テクノロジーを活用したAPIインテグレーション構想，オープンエコシステムによる新規ビジネス創出に係る構想策定に従事。

戸室　信行 | Nobuyuki Tomuro

担当：第4章第2節(3)

ディレクター

米系IT企業のコンサルティング部門を経て現職。長年にわたりメガバンク，カード会社等の金融機関に対して戦略立案，業務設計，業務改革，IT戦略立案等の幅広いプロジェクトに従事している。

堀内　肇｜Hajime Horiuchi

担当：第4章第2節(3)

シニアマネジャー

グローバルSPAおよびコンサルティング会社を経て，現職。専門領域は，調達購買。他に SCM関連領域として，需要予測，生産計画，物流，MDなど，幅広く経験を持つ。

宮道　太郎｜Taro Miyamichi

担当：第4章第2節(3)

マネジャー

金融系SIerを経て現職。金融機関に対する事業戦略策定・オペレーション改革の構想策定〜 実行支援，システム導入に係る企画・計画立案・実行・管理を支援するプロジェクトに従事。

栗原　祥子｜Shoko Kurihara

担当：第4章第2節(4)

シニアマネジャー

国内大手SIer，外資系コンサルティング会社を経て現職。金融機関を中心に，業務改革やその 実現に向けた構想策定，国内外への展開支援などに従事。最近は，AIやデータ利活用領域で の案件を手掛ける。

古高　大輔｜Daisuke Kodaka

担当：第4章第2節(5)

執行役員　パートナー

外資系コンサルティング会社を経て現職。金融業界を中心に，デジタルトランスフォーメー ションやIT戦略をはじめとしたテクノロジー領域など広範な実績を有する。またスマートX への取組み，ICTによる地域社会基盤の高度化なども手掛ける。

末崎　大輔 | Daisuke Suezaki

担当：第4章第2節(5)

シニアマネジャー

国内大手SIer，外資系コンサルティング会社を経て現職。金融機関を中心に，ITシステムの全体アーキテクチャの構築，システム戦略構想化・実行支援，大規模SIプロジェクトの企画立案・マネジメントなどの案件を手掛ける。

大西　徹 | Toru Onishi

担当：第4章第2節(5)

マネジャー

監査法人系コンサルティングファーム，日系コンサルティングファームを経て現職。西日本における地方銀行を担当しており，デジタルトランスフォーメーション，ITシステムおよびBPRに強みを持つ。

小出　翔 | Sho Koide

担当：第4章第2節(6)

シニアマネジャー

IT組織設計，IT・デジタル人材育成のキャリアパス・人事制度設計や，複業・兼業や外部企業を活用した人材育成のプロジェクトに従事。『働き方変革　7つのデザイン』（共著，日本経済新聞出版社）他，執筆多数。

安藤　雄三 | Yuzo Ando

担当：第4章第2節(8)

ディレクター

金融機関を経て現在に至る。現職では金融機関・製造業をはじめ幅広い業界において経営統合，組織再編（持株会社体制移行，子会社再編等）に関わるプロジェクトを数多く手掛ける。近年は組織再編等を契機とした意識変革・行動変容に注力。

高橋　淳 | Atsushi Takahashi
担当：第4章第2節(8)
マネジャー
投資銀行，複数のコンサルティングファームを経て現職。投資銀行では金融機関等のM&A・ファイナンスに従事。現職では幅広い業界においてM&A・組織再編領域に従事し，PMIをはじめグループ内組織再編，組織改革等の案件を手掛ける。

田邊　愛貴 | Yoshiki Tanabe
担当：おわりに
執行役員　パートナー
長年にわたり，金融機関における経営改革プロジェクトに従事している。構想策定段階より施策の実行・定着に至るまで，エンドトゥーエンドに及ぶ支援を実施。現在は，デロイト トーマツ コンサルティングにて，金融部門の日本のリーダーを務める。

副田　里美 | Satomi Soeda
担当：編集
デロイト トーマツ コーポレートソリューション　シニアマネジャー
独立系ベンチャーキャピタルおよびコンサルティングファームを経て現職。デロイト トーマツ グループにおけるコンサルティングビジネスのリサーチおよびナレッジマネジメントサービスを担当。

《監修者紹介》

デロイト トーマツ コンサルティング合同会社

デロイト トーマツ コンサルティング合同会社は，戦略立案から実行まで一貫した，End to Endのコンサルティングサービスを約4,000名のコンサルタントにより提供しています。デロイト トーマツ グループの主要法人として，グループの多様なプロフェッショナルとのシナジーにより日本企業の複合的課題を解決しながら，経済社会の変革を加速するカタリストの役割を果たすことを目指しています。また，プロフェッショナルのグローバルネットワークであるDeloitte（デロイト）の日本でのコンサルティングサービスを担っており，全世界のメンバーファームと連携しながら，組織・機能，インダストリー・セクターなどに対応した幅広いサービスを日本はもとより世界各地で最適な形で提供しています。

地銀"生き残り"のビジネスモデル
──5つの類型とそれらを支えるDX

2022年5月1日　第1版第1刷発行

監修者	デロイト トーマツ コンサルティング
編著者	武　元　　　亮
	梅　津　翔　太
発行者	山　本　　　継
発行所	㈱中　央　経　済　社
発売元	㈱中央経済グループ パブリッシング

〒101-0051　東京都千代田区神田神保町1-31-2
電話　03（3293）3371（編集代表）
　　　03（3293）3381（営業代表）
https://www.chuokeizai.co.jp
印刷／㈱堀内印刷所
製本／㈲井上製本所

ⓒ 2022
Printed in Japan

＊頁の「欠落」や「順序違い」などがありましたらお取り替えいたしますので発売元までご送付ください。（送料小社負担）
ISBN978-4-502-42011-5　C3034

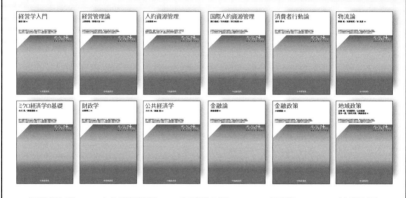

ベーシック＋
Basic Plus

経営学入門	経営管理論	人的資源管理	国際人的資源管理	消費者行動論	物流論
ミクロ経済学の基礎	財政学	公共経済学	金融論	金融政策	地域政策

経営学入門	人的資源管理	経済学入門	金融論	法学入門
経営戦略論	組織行動論	ミクロ経済学	国際金融論	憲法
経営組織論	ファイナンス	マクロ経済学	労働経済学	民法
経営管理論	マーケティング	財政学	計量経済学	会社法
企業統治論	流通論	公共経済学	統計学	他

いま新しい時代を切り開く基礎力と応用力を
兼ね備えた人材が求められています。
このシリーズは，各学問分野の基本的な知識や
標準的な考え方を学ぶことにプラスして，
一人ひとりが主体的に思考し，行動できるような
「学び」をサポートしています。

Let's
START!
学びにプラス！
成長にプラス！
ベーシック＋で
はじめよう！

中央経済社